U0754153

深圳职业技术学院学术著作出版资助

Venture Financing
创业融资

夏维朝 彭朝林／编著

立信会计出版社
LIXIN ACCOUNTING PUBLISHING HOUSE

图书在版编目(CIP)数据

创业融资 / 夏维朝,彭朝林编著. —上海:立信会计
出版社,2021.5
 ISBN 978 - 7 - 5429 - 6780 - 0

 Ⅰ.①创⋯　Ⅱ.①夏⋯ ②彭⋯　Ⅲ.①企业融资
Ⅳ.①F275.1

 中国版本图书馆 CIP 数据核字(2021)第 091436 号

策划编辑　　张善涛
责任编辑　　张善涛
封面设计　　南房间

创业融资

Chuangye Rongzi

出版发行	立信会计出版社			
地　　址	上海市中山西路 2230 号		邮政编码	200235
电　　话	(021)64411389		传　　真	(021)64411325
网　　址	www.lixinaph.com		电子邮箱	lixinaph2019@126.com
网上书店	http://lixin.jd.com		http://lxkjcbs.tmall.com	
经　　销	各地新华书店			
印　　刷	江苏凤凰数码印务有限公司			
开　　本	710 毫米×1000 毫米		1/16	
印　　张	11.5		插　页	1
字　　数	213 千字			
版　　次	2021 年 5 月第 1 版			
印　　次	2021 年 5 月第 1 次			
书　　号	ISBN 978 - 7 - 5429 - 6780 - 0/F			
定　　价	53.00 元			

如有印订差错,请与本社联系调换

前　言

创业难、融资更难、成功融资难上加难。

创业首先就要融资，面对陌生而艰难的融资环境，新创公司的财务管理者必须始终以创业者价值最大化为目标，并始终明确控制权管理任务，坚持里程碑的融资方略。根据不同创业阶段的具体情况，合理利用天使投资、风险投资和战略投资等外部权益性资本；银行等债权人的债务性资金；政府的创业资助和税收等各类优惠政策。始终把控好股权释放的节奏，保持创业者对创业公司的控制力，并在合适的时机以适当的方式退出创业、实现收成。

本书面向创业者的融资管理需要，为创业者提供创业初期如何度过生存关、高速成长期如何"做大做强"以及收成期如何择机"退出"，实现创业和投资回报，提供融资策略和财务管理方法。全书分为六章：

第一章是创业融资概论。探讨了创业公司的融资环境和融资管理目标，并对创业公司融资管理的里程碑策略进行了深入的分析，为创业者及创业公司财务管理者的融资管理提供总体方略。

第二章是创业融资的相关分析工具。包括融资风险分析、融资成本分析以及利用现金流量工具进行的公司估值分析，是创业者和创业公司财务管理者进行融资管理的工具箱。需要说明的是，这部分的财务分析工具也同样适用于成熟公司的融资管理。

第三章是创业初期的融资管理。安全地度过生存危机是这一时期最重要的财务目标，创业者或创业公司财务管理者需要在保持创业者(创业团队)对创业公司控制权的前提下，有效地引进天使投资等外部投资者的资金，帮助初创公司安全度过生存期。

第四章是高速成长期的融资管理。面对高速成长阶段的规模扩张、产能暴涨、资金需求猛增的快速发展需要，创业者和创业公司财务管理者需要全方位融资，并要有效地管理创业公司的控制权。

第五章是创业收成期的融资管理。主要讨论在适当的时机通过 IPO、收购兼并、管理层收购、解散与破产等方式实现创业者退出,获得创业活动所期望的财务及其他收成等问题。

第六章是创业融资与政府资助。创业者和创业公司财务管理者要充分利用各级政府的创业资助以及各类支持创业的优惠政策,对海归创业者、大学生创业者、社会弱势群体创业者来说,政府对创业的资助往往是其创业生死存亡的关键。

本书可作为创业者及创业公司财务管理者参考,特别是对初次创业者的融资管理更有参考价值,也可用于高校财务管理课程、特别是创业课程的教材使用。

虽然创业浪潮一浪高过一浪,但专门针对创业融资特别是细分创业进程融资管理的参考书却凤毛麟角,这是编著者编写本书的初衷,希望对有志于创业的人士有所帮助,不足之处,敬请指正。

本书参考了其他学者的研究成果以及网络公开资料,在此一并致谢!

夏维朝　彭朝林

2021 年 3 月于深圳西丽湖畔

目　　录

第一章

创业融资概论

面对比成熟公司更加困难的融资环境,新创公司的财务管理者应当通过里程碑分阶段融资策略,降低出资者的风险预期、控制融资成本,实现创业者价值最大化的财务目标。

第一节 创业融资的特点

创业融资是财务管理的重要内容,是面向创业者的融资管理,不同于通常意义上的公司财务管理,创业融资无论是融资环境、管理要求,都有很大的差异。

一、创业融资环境更加艰难

与成熟公司的融资环境不同,创业公司的融资环境更加艰难。这不仅是因为新创公司自身对融资环境陌生而畏惧不前、更是因为包括各类投资者和债权人在内的出资者①对新创公司风险的担忧而敬而远之,新创公司与融资市场之间就形成了一堵无形的墙。

由此可知,创业公司的融资在融资风险、融资成本和融资渠道等多方面都会比一般公司大很多。

(一)创业融资的风险更大

以投资者视角,创业初期的新创公司尚未进行市场开发或尚未获得一定的市场占有率,没有社会影响,创业者或创业项目鲜为人知,出资者对创业者的资信或能力知之不多甚至一无所知,"藏在深闺无人识",所以出资者对创业项目的市场前景不能明确把握。投资风险不可预见,向创业者或创业项目投资会更谨慎,对其出

---

① 本书的出资者包括向公司提供融资的各类市场主体,既包括向新创公司提供权益性资本的投资人、也包括向新创公司提供借贷资金的债权人。

资能否如期收回本息甚至能否收回本金、能否获得预期的收益,都具有很大的顾虑,出资风险较大。

以创业者视角,创业项目能否成功、产品或服务能否市场化、其市场前景如何、产品竞争者或替代者的情况如何、能否获得预期的市场回报,都存在着很大的不确定性,在产品的设计研发、市场的推广营销等过程中,任何一个环节的失败,都可能导致创业失败,而一旦创业失败,所有的投资都可能付之东流,借债也将无法偿还。

(二) 创业融资的成本更高

创业融资的高风险自然会推高融资成本。由于出资者对新创公司的出资风险比对成熟公司的出资风险具有更大的不可预见性,出资者的期望风险报酬率就更高。由于出资风险大或更大的不可预见性,出资者就需要更高的风险补偿,所以包括提高贷款利率、提供担保与抵押品、设置补偿性余额[①]等都直接推高了新创公司的融资成本。

另外,由于新创公司风险的不可预见性,出资者每一笔出资的额度通常都比较小,造成新创公司的融资是小额度、高频率,这就增加了融资评估、融资手续等融资费用。

(三) 创业融资渠道更少

融资渠道是获得资金的具体来源途径,包括权益资本和负债融资两大类。权益资本通常是由创业者和投资人向公司注入的资金,此时,创业者和投资者都属于公司的所有者[②]。公司对所有者的投资没有偿还义务,但所有者参与公司的利润分配,在公司破产清算时,公司会将剩余财产向所有者分配。而负债融资则不同,债权人向公司提供资金,形成了公司的一项债务,公司作为债务人必须按约定的时间和条件还本付息。

相对于成熟公司,新创公司的融资渠道更少。如前所述,由于创业融资的风险更大,投资者的投资意愿受到制约,对创业者的投资更加谨慎,加上创业融资的成本高,也进一步阻碍了投资者的投资。而大型商业银行,出于风险控制和管理成本的原因,对新创公司也更加惜贷,所以能为创业者提供的融资渠道并不多。

通常,创业融资的渠道主要有金融机构的小额贷款、网络平台融资、风险投资、天使资金、创业者及创业伙伴自筹资金、亲友团资助以及政府的创业政策融资等。

---

① 补偿性余额是指银行要求借款人将借款的一部分保留在银行,以补偿银行可能产生的贷款风险。设置补偿性余额的结果,对借款人来说,相当于实际融资额度的减少,意味着融资成本会增加了。

② 本书将创业公司的所有者分为创业者(包括创业者团队)和投资者两类。其中,投资者包括天使投资人、风险投资者和战略投资者在内的后续投资者,与创业者(和创业团队)不同,投资者会更多关注投资回报和投资风险。

银行对创业者的融资,很少有信用贷款,一般都需要创业者或第三方提供担保或抵押品,而且贷款的额度都不大。可见,创业初期的融资更多的是由创业者自筹或亲友团的资助。

创业融资具有风险大、成本高和渠道少的特点,这就说明新创公司融资环境比一般公司的融资环境要糟糕,创业融资更艰难。

二、创业融资的目标是创业者价值最大化

财务管理学将公司财务的目标确定为股东价值最大化[1]。在新创公司,公司的财务管理者需要对公司的股东区别对待,将全部股东分为创业者和投资者,投资者包括天使投资者、风险投资者、战略投资者以及其他各类后续投资者,当创业者与投资者的利益发生冲突时,必须要站在创业者立场,维护创业者利益。

首先,创业公司的财务管理者和成熟公司的财务管理者一样,要站在公司全体所有者的立场维护公司所有者的利益,通过监督和激励等措施保证股东权益的最大化,防止公司的经营者、债权人对股东权益的侵害。也就是说,公司价值最大化是创业公司的财务管理者的前置目标或浅层目标。

其次,也是更重要的,在创业公司,一旦创业者与投资者的利益发生冲突,财务管理者的决策必须始终站在创业者立场,坚决维护创业者权益,防止其他投资者对创业者权益的侵害,实现创业者价值最大化的深层目标。实现创业者价值最大化目标,要求创业公司的财务管理者必须在始终关注创业者创业回报最大化的同时,力争做到创业者的权益最大化或者说创业者对公司控制权的最大化。一方面,创业公司财务管理者对创业公司的每一次融资规划,要有计划地逐步地对创业公司的股权进行释放,以置换最大化权益资本的注入;另一方面,要把握好股权融资节奏,遵循必要和充分的原则,在不耽误创业进程和足够创业资金需求的前提下,分阶段组织融资,以最小的成本获得最大的融资额度,保障创业者利益最大化。

三、创业融资要与投资项目资金需求相适应

成熟公司的融资虽然也是以投资的资金需求为出发点,但由于公司已经走上正轨,经营状况稳定,资金需求的波动相对较小,风险可控,所以其融资活动可以无须过多关注经营活动的资金需要,更多的是为特定投资项目而组织的融资。

与成熟公司的融资不同,创业公司属于公司初创期,对外部融资的输血更为依

---

[1]　财务管理学认为,企业财务管理的目标是企业价值最大化,股份公司财务管理的目标为股东价值最大化,如果是上市公司,股东价值最大化可以具体为公司股票价值(市场价值)的最大化。

赖,由于是高风险融资,所以创业融资必须以必要、适时为融资准则。"必要"是指融资必须与项目的资金需要量相适应,融资额度能够"足够"支持创业项目的需要、且尽量少地产生资金闲置;"适时"是指创业融资必须与创业进程相适应,资金必须能够到位"及时"。在创业进程中,应当遵循创业里程碑分阶段融资策略,以控制风险、降低融资成本,实现创业者价值最大化任务。

四、必须重点关注创业者与投资者的收成价值

成熟公司的财务管理活动是基于持续经营假设进行的财务决策、规划和控制等财务管理活动,通常不会考虑公司被收购、兼并、IPO[①]、管理层收购等重大事件。与成熟公司财务管理不同,创业公司的财务管理活动必须重点关注创业者(包括投资者)的收成,即创业价值的实现问题。

收成是创业者和投资者更加关注的价值回收。创业公司通过收购、兼并及IPO等形式,包括创业者和投资者在内的公司各类股东,可以将所持有的权益资本通过在公开的资本市场或非公开的资本市场上出售等形式,收回其对创业公司的投资,完成创业或投资的收成。

创业公司的财务管理者必须关注创业公司的收成时机和收成方式,以实现创业者和投资者价值实现的最大化任务。

五、投资估值中要更多关注不可分散风险

估值是财务管理中时刻关注的话题,无论是天使投资的引进、还是风险投资的引入或战略投资者的加盟,每一次新的投资者加入都需要对公司的价值进行评估。估值的方法很多,最主要的是考虑预期收益(未来现金流)及其风险程度两个因子的影响。

与成熟公司的财务估值不同,创业公司的估值必须重点关注不可分散风险的影响。从创业者的思维出发,由于创业者将绝大部分财富都投入到创业项目中,所以创业项目的个别风险对创业者会产生巨大的影响,或者说,创业失败会让创业者更痛。天使投资者和风险投资者等后续投资者,一般是同时投资于多个项目,所以对某个创业者的创业项目投资只占其全部投资的一部分,创业者对特定创业项目风险的敏感性程度要远远高于投资者对特定创业项目的敏感性程度。

传统财务估值的分析方法通常是站在投资者的角度,往往会忽略特定项目

---

① IPO是指首次公开发行股票,股东可以通过公司的IPO程序,将手中的股份以股票的形式在公开市场出售,收回原有投资。

的个别风险,而更加关注系统性风险。与此相反的是,创业公司的估值则由于是站在创业者的特定视角,必须更加关注非系统性风险即特定项目的个别风险的影响。

第二节 | 创业融资目标——创业者价值最大化

一、以创业者价值最大化为创业融资管理的目标

公司财务管理的目标是股东财富最大化。在一个公司内部,除了少数公司由于存在优先股从而优先股股东享有部分优先权利外,所有的普通股股东都是被平等相待的,公司的红利分配、财产清算都是按照股东的出资比例执行。为了实现股东财富最大化目标,公司财务管理者除了时刻关注公司持续扩大的盈利能力和健康稳定的财务状况,还必须时刻关注并防止经营者和债权人对股东财富的侵蚀。

公司的财务管理者,一方面要设置激励和监督措施,来防范经营者的逆向选择和道德风险,防止经营者侵害股东利益;另一方面又要时刻监督各类债务情况,及时调度资金,支付到期利息、偿还到期本金,防止公司陷入债务困境而被推到破产清算境地。

逆向选择是一方利用多于另一方的信息,产生侵害对方利益的行为。由于公司的管理层掌握公司更多的经营信息,就有可能利用这些股东的"不知情"和利用管理权限谋求更多的自身利益,如对办公场所进行的豪华装修、配备高档轿车等与股东利益相悖的行为。由此会产生大量的管理费用,从而降低了公司的利润水平,损害了股东的收益。

道德风险是另一种损害股东利益的经营者行为。由于公司的利润最终归属于股东,所以当出现新的投资机会时,管理层不愿意冒险进行投资,以避免因投资失败而承担相应的管理责任。这种由于畏惧风险和对既得利益的珍视,经营者选择不去冒险进取而安于现状,从而使公司失去很多逐利机会,进而影响到股东的收益增长。即经营者没有积极进取,不顾股东利益增长,而甘冒道德风险来维持自身的既得利益。

在创业公司融资管理中,财务人员除了要关注管理层和公司债务等可能会侵害股东利益之外,还要在各类投融资的决策中,关注不同股东的权益,特别是对创业者权益的保护。在创业公司里,将股东价值最大化论断引入创业公司的财务管理就需要具体甄别,因为创业公司从起步到发展,各类股东是分阶段加入的,创业

者与早期投资者所追求的目标是不一样的,早期投资者与后来的投资者的目标也是不同的,这就需要具体界定创业公司的财务目标。

创业公司不同类型的股东,其财务目标是有冲突的。虽然创业公司的创业者、早期投资者和后来投资者,都是公司价值最大化的坚定支持者和直接受益者,但他们各自的财务目标也是相互冲突的。创业者希望在筹集到必要的资金、满足公司从创立、壮大到成熟的财务支撑的同时,更希望能够在公司的权益中能保留尽可能大的份额或最大的控制权,以实现其创业的价值或财富的最大化;早期的股权投资者,在种子期或启动期最需要资金时及时提供了资金,保证公司的生存并实现了公司的快速成长,对公司的成长起到了至关重要的作用,当然有理由要求从创业者手中分出尽量多的股权,以实现自己的价值最大化;而后期的投资者如风险投资者和战略投资者的加盟,向公司注入了快速发展的大量资金,是公司能够迅速占有市场和实现高速扩张的最重要推手,当然也希望能够从前序权益所有者手中分得尽可能多的股权份额。

创业融资应当以创业者价值最大化为目标。创业者以及在创业公司不同发展阶段加入的权益投资者,对新创公司的生存与发展都发挥着至关重要的贡献,其权益都应当得到尊重与保护。在公司总权益既定的前提下,单纯地强调投资者权益最大化、平等地对待创业者和各类投资者,势必会忽视创业者的关键性作用,创业者与投资者的权益就会发生冲突从而侵蚀创业者的权益。基于创业融资管理的视角,创业公司的财务管理者应当站在创业者角度来思考和处理这些冲突,最大限度地维护创业者权益。

二、始终以保持创业者权益在所有者权益中最大化份额①为创业融资的出发点

权益份额是公司收益分配和控制权的依据,最大化权益份额意味着可以获得最大化的收益分成、最大化净资产的占有权,以及对公司的控制权最大化。

新创公司的创业者从创意设计开始,经过产品研发、市场推广,到成熟收成,始终伴随着各种各样的融资活动。这些融资,既有来自创业者的内部自筹资金,也有来自天使投资人、风险投资人、战略投资者以及银行等债权人的外部权益性和债权性融资。

---

① 权益是财产的归属权,公司的全部资产和收益,按其归属权,分为所有者权益和债权人权益两部分。即全部权益中,首先是属于债权人的,是公司的负债,应当在约定的时间偿还给债权人,比如公司的银行借款必须如期还本付息;在归还债权人后剩余的部分,称作剩余权益或净资产,公司的净资产则属于公司的所有者,所以所有者权益又称为剩余权益。

债权人向公司提供资金形成公司的负债,如商业银行提供的各类长短期贷款;从供应商处赊购原材料或设备,形成的应付账款;商业信用、应付未付员工的工资和奖金;应交税务机关的各类税款,等等。这些都属于公司的债务,是必须偿还的义务。其中,银行贷款是最具代表性的负债,银行向公司发放贷款,除了部分贷款需要对公司的某些行为在贷款协议里做出约定,银行一般不会参与公司的经营管理,公司只需要在约定的还款期限内还本付息。

与债权人的出资不同,投资人的权益包括收益分配权和经营管理权。投资人的出资需要获得公司的权益资本,权益性投资一般不能在约定的时间里收回投资本金,通常也不能要求有约定的利息报酬。取而代之的是投资人根据占公司全部权益性资本的份额,按比例参与公司的收益分配和剩余财产分配。还有,作为公司的所有者,投资人享有参与公司经营管理与决策的权益。

收益分配权是公司对利润和净资产的分配权。首先,公司在年末对当年的经营收益进行汇总计算,按规定①先缴纳企业所得税,税后利润在预留一部分后,再向投资人分配,投资人按照占有全部股权的份额,确定应分配的利润;在公司出现解散或清算的情况下,公司财产首先需要支付员工的工资、相关税费,然后再偿还各类债务,再剩余的财产将在各类投资人之间按照出资比例进行分配②。

经营管理权是公司的重大经营决策权和财务决策权。公司重大经营和财务决策都由公司的股东大会或股东会及其常设机构董事会做出的,具体由董事会聘任的总经理负责执行与实施,而股东会或董事会则是由全体股东(投资人)选举产生,各类投资人按照所占的份额获得相应的表决权③。

可见,投资人不仅享有收益和剩余财产的分配权,还享有参与公司的重大经营和财务决策权。

创业融资管理的目标是创业者价值最大化。首先,债权人向公司提供资金是为了获得利息收入,到期将收回本金。站在创业融资管理的立场,要及时筹集公司在研发、生产、市场推广和快速成长等发展过程中所需的资金,同时要科学地安排融资额度和期限,保证如期还本付息,防止可能出现的债务违约风险从而导致创业

---

① 《公司法》第一百六十七条规定,"公司分配当年税后利润时,应当提取利润的百分之十列入公司法定公积金。""公司从税后利润中提取法定公积金后,经股东会或者股东大会决议,还可以从税后利润中提取任意公积金。""公司弥补亏损和提取公积金后所余税后利润,有限责任公司依照本法第三十五条的规定分配"。《公司法》第三十五条规定,股份有限公司"股东按照实缴的出资比例分取红利;按照股东持有的股份比例分配,但股份有限公司章程规定不按持股比例分配的除外。"

② 《公司法》第一百八十七条规定,公司清算时,"公司财产在分别支付清算费用、职工的工资、社会保险费用和法定补偿金,缴纳所欠税款,清偿公司债务后的剩余财产,有限责任公司按照股东的出资比例分配,股份有限公司按照股东持有的股份比例分配。"

③ 《公司法》第四十二条规定,有限责任公司"股东会会议由股东按照出资比例行使表决权。"

企业的夭折。其次,天使投资人、风险投资人和战略投资者都是在创业公司发展的不同阶段加入的后续投资人,他们的资金虽然对公司的发展甚至生存都起到了至关重要的作用,并在公司的产品研发、市场推广、内部管理的方方面面提升了创业公司的价值,与创业者结成了共生共荣的关系。可是,一旦后续投资人与创业者发生利益冲突时,创业公司的财务管理者必须始终站在创业者的立场,维护创业者的利益,这不仅是因为创业者是创业公司的原生动力,更重要的是,维护和保持创业者的最大利益,充分肯定创业者的无形资产价值,可以进一步激发创业者的创业激情、促进创业公司的持续快速发展。

必须始终保持创业者的权益份额最大化。创业者在创业公司的权益份额中保持最大化,不仅是收益分配最大化,更是控制权最大化,也就是创业者价值最大化。在创业发展的各个阶段加入的天使投资、风险投资以及其他权益资本投资者,创业者都需要陆续释放出一定的权益份额以换取这些权益性投资,释放出权益份额就意味着放弃收益权和控制权,都是对创业者价值的蚕食。创业融资管理的任务是,如何以最小的权益释出份额来换得最大的权益资本投入,创业融资管理必须始终围绕着这一主题来设计方案并组织落实。

创业公司的权益构成如图 1-1 所示。

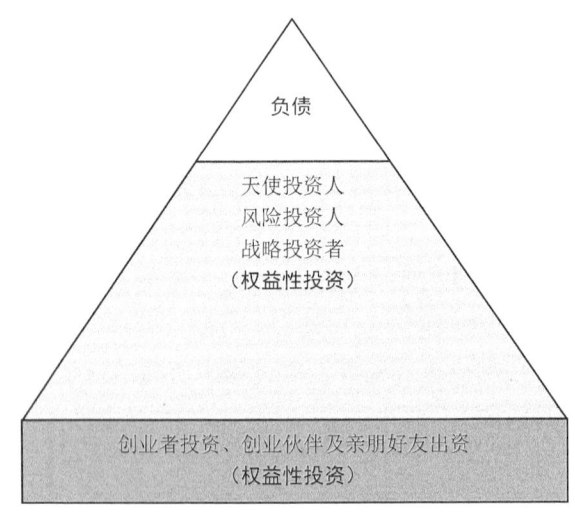

图 1-1　创业公司的权益构成

在创业公司权益构成中,创业者的权益资本是最重要的,是其他各类权益的基础;天使投资、风险投资、战略投资是在创业公司发展过程中陆续加入的权益资本,在创业公司发展进程中发挥着不可替代的作用;负债虽然也对公司的经营起到重要作用,但却始终是游离于所有权之外的债务性融资。

三、必须始终坚持创业者融资风险最低化原则

融资风险包括来自市场的系统性风险和来自特定创业公司的非系统性风险。

系统性风险来自于公司的外部，是由不为特定公司所预计和控制的因素所造成的风险，如宏观经济不景气、市场利率大幅度波动、资金供给调控等造成的无法筹集所需资金、不能如期或足额筹措所需资金等。系统性风险对所有公司都会产生影响，是公司无法回避的，站在投资者的角度，无论投资于哪个公司，都是不能规避系统性风险的。

与系统性风险不同，来自于特定公司的风险称为非系统性风险。非系统性风险是由于特定公司的原因而产生的融资风险，是特定公司的特有事件造成的个别风险，如某个公司的新产品开发失败、重大合同不能如期执行、内部管理不善造成的财务困境甚至破产清算等。这类风险只影响到这个特定的公司，是个别公司所特有的，不会对整个市场产生太大的影响。站在投资者的角度，可以对特定公司不进行投资来规避这类风险，也可以通过投资组合来分散这类风险[1]，所以非系统性风险又是可分散的风险。

根据风险报酬原理，一个投资项目收益的确定必须同时考虑到系统性风险和非系统性风险的双重影响，资本资产定价模型[2]是一个典型的风险投资收益的估值模型（capital asset pricing model，CAPM）。

$$R_i = R_f + \beta_i(R_m - R_f)$$

其中，R_i 表示第 i 个投资项目（或证券）的预期收益率；R_f 为无风险报酬率，如国库券利率或银行存款利率等；R_m 为市场的预期回报率；β_i 为投资项目或证券 i 的风险程度。

在资本资产定价模型里，一个投资项目或证券的收益是由两部分构成的，一部分是无风险报酬 R_f，另一部分则是风险报酬 $\beta_i(R_m - R_f)$。在风险报酬中，β_i[3] 表示一个投资项目或证券的风险程度。当一个投资项目或证券的价格和市场的价

---

① 投资组合理论认为，投资人投资若干个项目或证券形成一个投资组合时，投资组合里特定项目或证券的风险将会被分散掉，即投资组合能降低非系统性风险，但不能降低系统性风险。通常讲的不要把所有的鸡蛋放在一个篮子里就是这个原因。

② 资本资产定价模型是由美国学者夏普（William Sharpe）等人于 1964 年在马柯维茨的资产组合理论和资本市场理论的基础上发展的投资估值模型，虽然存在着诸多质疑，但仍被投资决策和公司理财领域广泛应用。

③ 资本资产定价模型中的 β_i 只代表投资项目或证券 i 的系统性风险，忽略了非系统性风险的影响，这也是该估值模型的主要不足。

格波动性是一致的,则这个投资项目或证券的 β 值就是 1。如果 $\beta > 1$,说明这个投资项目或证券的风险大于整个投资市场的平均风险;相反,如果 $\beta < 1$,则说明该投资项目或证券的风险程度小于市场平均风险。当投资项目或证券的 β 值是 1.5 时,意味着当市场上升 10%时,该投资项目或证券的价格则上升 15%;而市场下降 10%时,该投资项目或证券的价格亦会下降 15%。

资本资产定价模型揭示了投资项目或证券的风险与收益的对等关系。为了补偿某一特定程度的风险,投资者应该获得相应的报酬,即风险越大的投资项目,其收益应该越高,一个投资项目的风险越小,其收益率也越低。

风险与报酬的关系如图 1-2 所示。

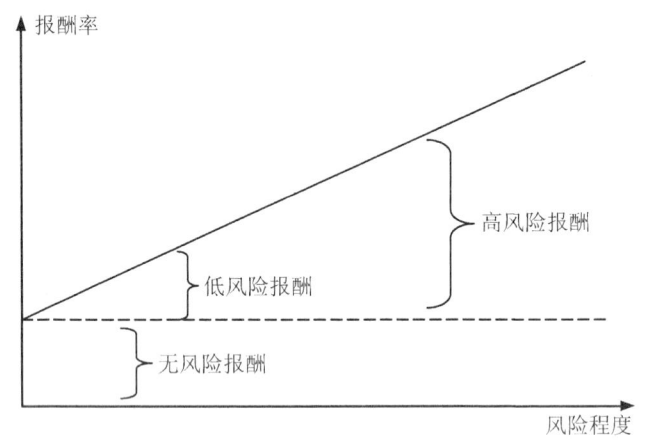

图 1-2　风险与报酬关系

美国经济学家马柯维茨(Markowitz)在 1952 年提出了投资组合理论(Portfolio Theory),得出运用定量方法通过投资组合可以降低投资风险的结论,他也因此获得了诺贝尔经济学奖。

创业者是把自己绝大部分财产甚至是全部财产投资于创业公司,相当于把全部鸡蛋或大部分鸡蛋放进了一个篮子里,投资相对集中。根据马柯维茨的投资组合理论,创业者的投资属于高风险的投资,所以创业者的创业风险就比较大;相反,包括天使投资人和风险投资人在内的各类其他投资者,一般不会把全部投资放到一个企业,其投资的分散化程度要比创业者高得多,所以来自特定创业公司的个别风险对投资者的影响会比对创业者的影响小得多。换句话说,创业者对创业公司的个别风险更敏感,或者投资者抵抗个别风险的能力比创业者强得多。

为此,创业融资的相应决策必须充分认识到创业者和投资者对个别风险的敏感性程度,尽可能地将个别风险向投资者转移,实现创业者的价值最大化。

四、必须始终坚持创业者融资成本最小化原则

融资成本[1]是由资金占用费和资金筹集费两部分组成。资金占用费就是资金使用成本，与资金占用的时间相关，如银行贷款和公司债券的利息费用、股票的股利支出等，资金占用的额度越大、占用的时间越长，资金的使用成本就越高。筹资费用是获得融资时所发生的一次性费用，如银行贷款的手续费支出、发行债券或股票等的承销费用等。融资成本的高低通常用相对数即融资成本率[2]来反映，即资金成本占融资净额的比值。

创业融资的成本更高，包括更高的资金使用费用和更多的资金筹集费用。首先，由于创业融资的风险更大，投资者索取的报酬就更高。由于出资风险大，出资者就需要更高的风险补偿，所以包括提高贷款利率、提供担保与抵押品、设置补偿性余额等都直接推高了资金使用的费用水平。其次，由于创业公司每次能够获得的融资额度比较小，融资的频率更高，这就增加了融资评估费、融资手续费等资金筹集费用。有资料显示，初创企业的平均贷款额度只有大型企业的5%，而贷款的频率却是大型企业的5倍，这就直接增加了创业公司的融资管理成本。

在创业融资成本高企的情况下，如何降低创业者的融资成本是创业融资决策必须面临的问题。

第一，需要准确地对创业项目进行估值。特别是重点对创业项目产生的无形资产进行合理的估值，可以使得创业者的价值得到充分体现，以降低投资者对创业项目的权益份额求偿权，从而降低创业者的融资成本。

第二，通过设置阶段性目标，即里程碑。分阶段组织融资，可以有效抑制投资者对投资风险的预期，通过分阶段的里程碑式权益释放，降低投资对创业项目权益份额的求偿权，抑制投资者的投资要价，降低创业公司的融资成本。

第三节 | 创业融资要与创业进程相隅合

为了控制融资风险、降低融资风险，实现创业者价值最大化目标，必须遵循创业融资要与创业进程相隅合的原则。

---

① 此处的融资成本是从财务角度进行的度量，广义的融资成本还应该包括投资人对创业者的非财务约束，如参与创业者的类似董事会的权力机构、对创业者进一步融资设定的限制、要求创业者更多的信息披露等，有关内容将在后续章节里进一步讨论。

② 有关融资成本率的计算，将在后续章节中具体分析。

一、创业进程的五个阶段

创业进程一般包括种子期、幼苗生存期、高速成长期、成熟期和收成期等几个阶段,不同的阶段都具有不同特点,融资渠道、融资成本都各不相同,具体见表1-1。

表 1-1　创业进程阶段及其融资特点

生命阶段	特点	主要融资方式
种子期	① 处于发明、创意、实验室研发阶段 ② 标志:项目设计或商品开发完成 ③ 没有正向现金流 ④ 融资风险大、研发风险大 ⑤ 融资额度小	① 创业者自筹 ② 亲朋好友资助 ③ 天使投资 ④ 网络融资
幼苗生存期	① 购置生产设备、雇佣人员、开始市场推广 ② 标志:产品试销,正式推向市场 ③ 基本没有正向现金流 ④ 融资风险大、市场风险大 ⑤ 融资额度大	① 天使投资 ② 风险投资 ③ 创业者及创业伙伴自筹 ④ 战略投资者
高速成长期	① 增加产能、扩大营销网络 ② 标志:不断增加市场占有率 ③ 现金流大增 ④ 市场风险大、管理风险大增 ⑤ 融资额度骤增	① 风险投资 ② 商业银行贷款 ③ 商业信用 ④ 战略投资者
成熟期	① 技术成熟,市场稳定,系列化产品得到开发 ② 标志:现金流充足、财务状况良好、盈利稳定 ③ 市场风险相对较小、融资风险小 ④ 融资额度大且稳定	① 商业银行贷款 ② 商业信用 ③ 战略投资者投资
收成期	① 创业者获取创业回报 ② 后续投资者获取投资回报	① 股份上市公开转让IPO ② 兼并收购或回购 ③ 破产清算

种子期是创业项目处于发明、创意或实验室初级产品阶段,创业者利用自己的兴趣爱好和专业特长对产品进行设计和试验,通过研发活动产品试制和产品定型,形成成熟产品,并对商业模式进行初步设计。种子期所需的融资额度一般都不大,其融资渠道主要是创业者的自筹资金,包括个人积蓄或个人资产变现、信用卡透支、创业伙伴的投资、亲朋好友的资助和网络众筹等。部分种子期的创业项目可以获得天使投资的关注和青睐,获得相应的天使投资。

幼苗生存期是创投项目或产品完成商品化,进入试销阶段。幼苗生存期一般需要较多的资金投入,用于购买生产设备、后续研发及市场的试销与推广、搭建营销网络等。在这一阶段,商业模式处于探索阶段,还没有形成真正的经营业绩,常常伴随着亏损,基本没有财务回报。更重要的是,一旦产品不能为市场接受、或进一步研发出现巨大障碍,创业项目很有可能会胎死腹中,所以如何生存是这一时期财务管理的关键任务。由于幼苗生存期的风险极大,基本没有财务业绩,一般很难获得银行贷款融资,这一阶段主要是天使资金和一部分风险投资的权益性投资,需要创业者、天使投资人和风险投资人共担风险、共渡难关。

高速成长期的创业项目(或新创企业)已经安全渡过生存关,产品被市场广泛接受,需要及时筹集大量资金用以扩大生产规模、增加产能、进一步开拓市场,实现规模扩张和最大的市场占有率。在这一阶段,资金需求量猛增,市场风险和管理风险加大。这一阶段的融资除了风险投资以外,可以获得银行贷款,有时候也会有战略投资者的加入。

创业项目或企业进入成熟期后,技术成熟,市场稳定,具有足够的资信信贷能力,产能进一步扩大、系列化产品得到开发和推广。此时部分天使投资和风险投资会陆续选择收获退出,企业的现金流充足、财务状况良好、盈利业绩稳定,各类投资人能够获得必要的投资回报。成熟企业大多通过商业银行贷款、商业信用等渠道来获得相应的资金。此时,战略投资者的加盟也会使得公司的权益资本迅速扩张。

收成期对创业者和投资者来说意义都非常重大。每一个投资者的投资都期望获得回报,对于投资于创业项目或新创企业并一直相守到收成期的投资者来说,除了在成长和成熟期能够从创业公司获得利润分红的回报外,收成期的回报更为重要,通过上市、兼并、收购等方式实现投资退出,实现投资收成。收成时机的选择对创业者和投资者都非常重要。通常,在创业公司发展的高速成长期或成熟期选择收成退出比较常见,此时创业公司发展势头强劲、前景广阔,市场估值高,一般容易实现退出,而且能够获得比较好的收成。

二、运用里程碑法分阶段创业融资

种子期和幼苗生存期是创业初期,这一时期是创业能否成功的关键期,只有安全渡过创业初期的生存难关,才会产生正向的现金流,新创公司才真正进入依靠市场实现自我发展、自我输血的良性发展。

创业初期的企业能否成功、能否顺利进入自我发展阶段,具有高度的不确定性,此时引进外部资金是需要付出高昂代价的。从天使投资和风险投资的视角,投资了高度不确定的项目或企业,必然要求有相应的高风险补偿,具体地说,就是要求创业者释放更多的权益份额作为出资的对价;积极的天使投资者和风险投资者还会要求进入公司的决策机构,参与公司的重大经营、投资和财务决策。投资者参与公司经营决策的另一个作用是,可以尽量避免信息的不对称[①],能够全方位、全过程地实时掌控和监督公司的经营情况,防止被不诚实的创业者所欺骗。

从创业者的角度来看,早期创业阶段在筹集创业所需资金的基础上,要尽可能少地对既有权益份额的进行释放,实现自我价值最大化,这是创业融资必须面对且需要认真解决的问题,也是创业者的永恒话题。

解决创业融资中创业者权益份额最大化问题的关键是控制投资者对创业进程的预期风险。投资者之所以对其出资提出高额的要价,其根本原因是企业项目的高度不确定、风险高企,消除投资者的投资风险预期才是解决"融资难"和"融资贵"的核心,里程碑法是一个行之有效的方法。

里程碑法是将创业进程分阶段确定不同的里程碑,以降低每个阶段的目标预期,降低投资风险从而实现减少融资成本的方法。财务管理通常是按照年度和月份来对公司业绩和财务状况进行报告和评价的。对于创业公司来说,里程碑方法可能更有效,将创业过程特别是创业初期的创业进程划分为若干个里程碑,分阶段达成创业目标。通过划小时间跨度,降低每个阶段的创业目标,将有助于投资者降低预期目标的不确定程度,消除投资者的不确定感,降低其对投资的风险预期,从而降低其投资要价,创业者就可以以较低的成本获得相应的融资。对投资者来说,里程碑方法的另一个好处是,一旦创业进程没有达到预期的里程碑目标,如产品定型阶段没有在预期的时间里完成,延期了6个月,投资者就会做出是否要求创业者强制清算以收回投资或继续投资的决策,控制投资损失。所以里程碑方法对创业者和投资者都是很有效的控制成本的方法。

里程碑的设计因创业公司的业务性质不同而有所不同,一个典型创业初期里程碑设计可以分为下列阶段,见图1-3:

(1)创意和设计阶段。此阶段包括技术可行性研究、生产设备与条件、产品功能、目标客户、市场价值,完成了这些调研与设计,创意和设计就完成了,达到了第一个里程碑目标。

(2)产品研发与定型阶段。此阶段包括购置研发材料、配备研发人员、生产产品的样品、对样品进行功能测试与改进、确定试销产品、对产品成本进行计算分析。此时产品的研发与定型工作就完成了。

[①] 信息不对称在公司的投资者和经营者之间时时存在。投资者虽然向公司投资并持有公司的股份,但绝大部分投资者都没有太多的精力去关注公司的具体经营活动,即使是积极的投资者,参与了公司类似董事会等权力机构的相关决策,也不可能对公司的具体经营活动了如指掌。投资者所掌握的公司信息必定远远少于经营者所掌握的信息,这就产生了信息的不对称,不诚实的经营者会利用这些不对称的信息优势,来谋求自身的利益,而侵害投资者的利益。

（3）产品试销阶段。此阶段包括购置生产设备、配备生产人员、小批量生产产品、设计营销网络、选择目标客户、推销产品、收集客户意见、进一步改进产品功能、测试和控制产品成本。

（4）市场开拓与推广阶段。此阶段包括添置生产设备、扩大产能、大规模生产产品、构建营销网络、向市场大批量投放产品、争取实现正向现金流。

通过将创业进程划小为若干个里程碑阶段，使得投资者对创业过程更加透明可见，可大大降低其风险预期，从而减少其投资的财务求偿权。

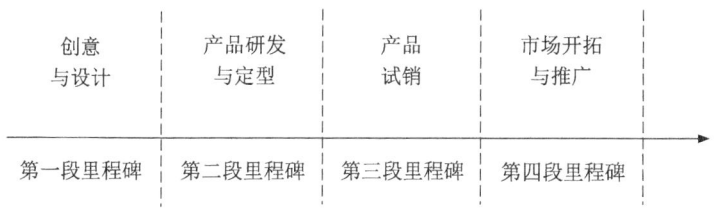

图 1-3　创业初期的里程碑设计

三、里程碑分阶段融资的优点

通过对创业各个阶段设计里程碑，将创业目标划小到若干个小目标，以消除创业的不确定感、控制创业的风险预期。

在融资策略上，根据每一个里程碑确定资金需求量，在此基础上组织融资，即分阶段组织融资。由于各个阶段的时间间隔短、预期目标更加可视，所以预期风险会更小，此时投资者的出资要价则会更低，从而能最大限度地保留创业者的权益份额，以最少的股权释放获得最大的融资额度。更重要的是，随着创业进程的推进，创业活动越来越接近创业目标，创业后期进入的投资者的预期风险越来越小，这会从整体上摊薄创业融资的综合成本。

创业者应避免创业初期筹足整个创业进程所需的全部资金。如果有两个融资方案，方案一是单一融资模式，在创业初期创业者一次性融得所需的全部资金。当然这对创业者来说是最好不过的了，因为有很多富余现金，可以在创业进程中为创业者随时取用，但与此同时，创业者获得的这些融资将付出高昂的代价。第一个代价是融资成本高企；第二个代价是不得不放弃过多的权益份额；第三个代价是必须接受投资者对公司具体运营的过多的监督。方案二是分阶段融资模式，由于用里程碑划小了创业目标、缩短了融资阶段，且每一阶段的创业目标更加可见，投资者的预期风险会更小，所以其要价会更低，创业者不需要放弃过多的权益份额就可以获得所需的创业资金，创业融资综合成本就会更低。

表 1-2 和表 1-3 是两个方案的比较,现在先忽略具体的分析和计算过程(将在第二章第二节的例子里进一步对这个案例进行讨论)。

　　方案一:一次性融资模式。某创业进程初期可分为 5 个里程碑阶段(为了分析方便,假设每个里程碑为一年时间),假设每一阶段的期初均需要 500 万元的资金,考虑到每一阶段无风险报酬率 R 为 8%,由于创业初期风险大,投资者要求的回报率为 50%。当采用在创业初期(第 0 期)一次性筹集所需的权益性资本,则总共需要投资者投资 2 156.05 万元,如果创业项目经过 4 个里程碑后的估值是 2 亿元,当选择在第 0 期一次性筹足所需资金的单一融资模式时,全部 4 个阶段实现后,创业者总共需要释放出 81.86% 的权益资本份额。

表 1-2　一次性融资模式下投资者要求的权益份额

项目	第 0 期	第 1 期	第 2 期	第 3 期	第 4 期
每期资金需要量(万元)	500	500	500	500	500
一次性筹集资金量(万元)	2 156.05				
创业项目期末价值(万元)					20 000
投资者的预期价值(万元)					16 372.5
风险投资者所占份额					81.86%

　　方案二:分阶段融资模式。分阶段融资,随着最后的创业目标越来越近,后续投资者的风险比前期投资者的风险更小,所以投资者要求的风险报酬也越来越小,假设第 0 期注资的投资者预期风险报酬率为 50%,第 1、2、3、4 期注资的投资者预期风险报酬率分别为 45%、30%、35% 和 30%,表 1-3 的分析反映了在分期融资模式下各项投资者对权益份额的要求权,当选择在各期分阶段融资模式时,在完成 4 个创业里程碑后,创业者共需要释放出 44.70% 的权益资本份额。

表 1-3　分阶段融资模式下投资者要求的权益份额

项目	第 0 期	第 1 期	第 2 期	第 3 期	第 4 期
每期资金需要量(万元)	500	500	500	500	500
筹集资本额(万元)	500	500	500	500	500
创业项目期末价值(万元)					20 000
投资者的预期价值(万元)					8 940.378 1
风险投资者所占份额					44.70%

比较两个融资方案可知,一次性融资模式下,创业者需要释放出更多的权益份额,这还只是投资者的财务求偿权,不包括对创业公司的控制权。

　　举个更形象的例子,分阶段融资如同火箭分级发射一样。一个多级火箭的每一级都像一支独立的火箭,当点燃第一级火箭时,将火箭上的载体(如通信卫星)推进到一定的速度,第一级火箭燃尽后会自动脱落,开始引燃第二级火箭;第二级火箭将载体推到更高的速度,当第二级火箭燃料烧尽后也会脱落,第三级火箭开始工作。以此类推,直到把载体送到预定轨道,多级火箭完成的火箭发射,如同接力赛一样把通信卫星推向预定轨道,每一级都是在前一级速度基础上的再加速。与此同时,由于前一级的脱落将降低火箭的剩余总质量,这会使后级火箭的推力更加有效。分阶段融资也一样,每一个里程阶段进入的投资者,都对创业公司进行注资,以推进创业进程,随着创业目标越来越近,后续投资者的风险越来越小,期望的投资回报率就越来越低,所以融资效率会越来越高,平均下来就会从总体上摊薄融资成本。与火箭发射不同的是,多级火箭的发射需要在发射升空前带足燃料,而分阶段融资则不需要在第 0 期一次性筹足创业所需的资金。

第四节｜创业融资要与创业投资相适应

一、创业融资的原则

　　创业企业到底需要从外部筹集多少创业资金? 每一个创业阶段需要从外部筹集多少资金? 怎样筹集外部资金? 这是每一个创业企业的财务管理者必须认真思考的问题。根据前述分析,应当遵循以下几个原则:

　　(1)创业企业没有必要初期就去筹集其整个创业进程所需的全部资金。不同于分级火箭在发射时一次性带足全部燃料,创业企业无论是采用权益资本融资还是采用债务融资,每一创业阶段的融资额度只需要筹集这一阶段所需的资金量就足够了。这既不会带来资金闲置与浪费,又可以降低每一阶段的融资风险和融资成本,从而进一步摊薄整个创业进程的综合融资成本。

　　(2)创业企业没有必要初期去筹集未来所需的全部权益资本。这是因为随着创业进程的顺利推进,对创业企业的融资环境会越来越好,融资的机会选择会越来越多。同时,因为可能发生创业失败,如果创业项目推进不顺利、经营现金流量不理想、市场前景暗淡,创业项目将不得不被放弃,初期就去筹足全部权益资本非常不智,对创业者和投资者都是极为不利的。

（3）创业企业没有必要初期就为下一里程碑的实施去筹集所需的权益资本。因为在创业的下一进程筹集资本，会更接近创业目标，风险会更小，投资者的要价会更低，所以等到下一里程碑再去筹集所需的权益资本，融资成本会更便宜。

（4）创业企业应当优先选择债务融资。相对于权益资本融资，债务融资所支付的利息在所得税前列支，会产生节税效应，从而比权益资本融资更"便宜"；与此同时，债权人一般较少参与或干预创业者的创业和经营活动，债务融资的非财务成本也更低，虽然创业企业特别是新创企业的债务融资机会更少，但债务融资应该是创业企业的优先选择渠道。

综上所述，创业融资必须面向各阶段的资金需求来组织实施，各阶段的资金需求量是分阶段融资的基础，且要优先选择债务性融资。

二、与投资需求相适应的融资策略

首先，创业融资需要与各里程碑的资金需求量相匹配。各阶段的融资必须筹足本阶段所需的资金，既不能由于融资额度不够而影响创业进程，同时也不需要融资过多而造成资金的闲置。

其次，创业融资的时间跨度必须与投资需求的时间跨度相匹配，见表1-4。对于机器设备、生产厂房等固定资产，其发生的效用会比较长，可以多年使用，所以用于固定资产方面的资金就应当通过长期融资来解决，由于长期资金的时间跨度大、不确定的风险大，所以长期资金的成本通常会高于短期资金成本；对于原材料购置、人员薪酬等营运资金支出，应该通过短期资金来解决，以控制融资成本。

表1-4　投资需求与融资跨度相匹配

投资需求	融资跨度策略
长期资金投资 ① 机器设备 ② 房屋建筑物 ③ 运输车辆 ④ 专利权等无形资产	长期资金筹集 ① 权益性资本 ② 长期负债
营运资金 ① 原材料 ② 人员薪酬 ③ 管理费用 ④ 营销费用	短期融资 ① 短期借款 ② 商业信用 ③ 过桥资金

将长期投资与长期融资相匹配，短期投资与短期融资相匹配，可以有效地减少财务风险，错配则很容易陷入财务困境。如将长期投资用短期融资来解决，财务人

员将不得不多次筹措资金,拆东墙补西墙,虽然有时由于无法筹措必要的长期融资来解决长期投资所需,迫不得已地用短期融资来解决,但将增加很多不必要的管理成本。反之,如果将长期融资用于短期资金需求,则必然会发生资金的临时性闲置与浪费,人为地推高融资成本,毕竟长期融资风险高,成本大大高于短期融资成本。

一些财务管理者可能有意将投资与融资错配,如短期融资用于长期投资,我们称之为激进型财务策略;将长期融资用于短期投资需要,一般称为保守型财务策略。

扩展阅读

创业的30种死法

我们总是能看到成功耀眼的创业故事,却不知道那些无数不为人知的失败背后的是怎么样的经验教训。曾经的"VC之王"靳海涛先生目睹了创投在中国的从无到有,看过无数创业项目。他把几十年的投资经验总结成文,发现创业项目之所以会死掉,可以概括为30个原因。以下是他的经验分享。

什么是创业失败?倒闭了是失败;成为一家伟大的公司却陷入平庸也是失败;预期目标和现实相差很大,也是失败;想做大做强,但总是小打小闹,也是失败;一遇风雨就飘摇也是失败。这些都是广义的失败。

做创投的都要研究失败。投资初创期的项目,可能是成二败八;投资成长期的项目,可能是成五败五;投资相对成熟的上市前的公司,可能是成七败三。创业者经历的失败就更多了,创业者个体的失败率非常高,所以研究失败非常重要。

曾募集215亿元改写中国投资业记录的"VC之王"靳海涛,从5个层面解读失败的因素并做案例分析。

一、创业者的精神和道德层面

1. 缺乏理想

每一个成功的企业家,给我的第一感觉就是有理想。反之,我们投资失败的企业,失败的首要原因就是企业领导人缺乏理想和情操,把钱放到至高无上的地位。

我们原来投资的一家企业做艾滋病药研究,预期可以是个明星企业。如果这个企业还存在的话,肯定在创业板第一批上市公司阵容里。但是它倒闭了,老板也锒铛入狱了。为什么呢?在做企业过程中,他利用这个平台,想自己挣更多的钱。如果一个创业者把钱看得最重要,早晚要失败,因为他可能为了钱做一些不该做的事情。

所以,做小生意勤快就够,做中生意要拼智慧,如果要做大生意,必须靠德,也就是说要有理想。

2. 只适应顺风顺水,缺乏坚持的决心和毅力

我们投了一个企业,做生物新药。在过去 10 年里,它没有一分钱收入。但是它坚持下来了。在美国的同类药,去年卖了 78 亿美元,而我们做的这个药,价格可以便宜一半。这个成功是个大成功,但如果没有永不言弃的精神,这个公司早干不下去了。

我们投资的另一家企业,在路由器行业兴盛时做路由器,做得不是太成功,就转向网络安全。干了一段,又不行。现在转向了系统集成——一个在中国可能做不大的行业。如果这位创业者坚持做路由器,我想这家公司至少不是现在这种境地。

3. 过于依赖以往的经验,因循守旧拒绝改变

产品要升级,模式要创新,管理上也要创新。任何一方面,如果依赖以往的经验,都可能导致失败。我们投资过一个资源类行业企业,条件非常好。但是它死守传统,不去开发创新的产品,也没有开拓创新的模式。金融危机前,传统的产品每年能贡献 5 000 万～6 000 万元利润,金融危机以后只有 500 万了,处于半死不活状态。

我们投资东莞的一家光电企业,以前做钢结构,后转向高科技,现在是 LED 照明的亚洲老大。你创新了,做了一个新产品,不用担心过去的产品,这是环境变化带给企业的变化。

4. 长袖善舞,缺乏务实精神

有些创业者不是扎扎实实地干,而是投机取巧,如靠忽悠,靠忽悠能成一时,无法成一世。讲门子、盼速成,希望一件事情很快能成功。天上掉馅饼也许有一次,不会有第二次。企业缺乏务实精神,今天不失败,明天也会失败。

5. 为上市而上市,既害人又害己

企业上市,应该是水到渠成的过程,不是靠单纯的包装。为上市巧做假账,毛利或者净利突然提升。为上市拆东墙补西墙,拆一次可以,但如果遇到环境变化,那可能拆西墙补东墙也不够。还有的企业为了上市而盲目扩张,结果不能适应市场需要,或者没有团队去经营扩张以后的资产而导致失败。

二、企业发展战略层面

6. 不清楚长期战略

创业不能只知道今天干什么,不知道明天干什么。如果长期发展战略处在一个混沌状态,创业者就没法给员工指明方向。

我们投资的做太阳能的晶科能源,刚开始单一做拉晶,在行业内处于二三流地位,很快碰上金融危机。面临金融危机,晶科能源认真分析了行业状况,做了战略调整,由原来的拉晶扩展到电池片,再扩展到电池组件。2010 年在纽交所发行股票上市,前段时期又以很高的价格增发了一次。晶科能源 2010 年前三季度实现净利人民币 5.14 亿,其中第三季度实现 2.59 亿,环比增长 43.6%,同比增幅高达 1 865%,这家企业已经进入了世界一流的太阳能企业行列。

企业步入金牛业态后,现金流非常好,就一定要考虑转型升级。如果金牛的时候不转型,不做战略调整,有朝一日可能变成瘦狗。

7. 战略只在浅层打转,缺乏探求深层规律的魄力和本领

一些企业只在过往经验上找出路,只在表面资源上做文章,只能导致企业都长不大。一定要跳出来,通过创新方式使企业获得发展。

8. 不敢扩张或者无序扩张

扩张是一把双刃剑。对于创业者来讲,第一,不能做小脚女人——不去扩张。第二,不能偏听偏信资本运作者的主意,在不该扩张的时候去扩张。要按照自己的发展规律去做。扩张不及则忧,但扩张过度,比不及还差。

一家位于兰州的企业的创业者认为不需要扩张,可以满足市场需要。隔几年一看,满足不了市场需求了,于是想要扩张,却突然发现,第一钱不够,第二竞争对手已经一大帮了。这就是"不及则忧"。

另有一家企业,本来有合适的上市时机,但他认为规模大了以后可以卖更好的价钱,于是买了美国的一整条生产线,结果这条生产线从建立那天起就没有一分钱的盈利,企业现在已经倒闭了。如果他不盲目扩张,上市有了更多钱以后,再看究竟应该采取什么方式扩张,也许已经成功了。这就是"过犹不及"。

扩张应该循序渐进。我们投过一家做工业化厨房的企业,第一个厨房还没有运行,就去扩张做第二个厨房。第一个厨房的运营是非常必要的,在运营中找到好和不好的地方,再根据运行的实际情况建第二个厨房。结果还没能把第二个厨房扩张起来,资金链就断裂了。

我们现在投了一个做连锁餐饮的项目,创业者要来深圳收购 15 个网点。我对他说,千万不要一下子收购 15 个,极限不能超过 3 个。结果他试了 3 个点,深圳 2 个,东莞 1 个,都失败了,因为产品不适合在这个地方经销。所以,创业如果不知道行不行,要先试,再循序渐进地推进。

9. 资本运作战略出问题

很多企业家缺乏资本运作的判断能力,偏听偏信财务顾问,但如果企业制定了资本运作的规划,企业家一定要自己先搞明白,完全明白是不大容易的,要持续积累,这是非常重要的。

大体了解后,还要做到兼听则明。只听一家财务顾问给出的意见也许会违背

企业利益最大化。因为财务顾问是有特长的,如说我的特长是做美国上市,我如果给你推荐别的地方,我的饭碗就没有了。

10. 财务杠杆的战略不当

不利用财务杠杆,没有合理的负债,那你就不是一个很好的企业家,但如果负债过高,流动性风险就增高,正常情况下高负债还能撑得住,一遇到经济环境变化,特别是金融危机,就撑不住了。

企业相互乱担保害人害己,而且丧失了被营救的条件。我们投资过一家细分行业老大的企业,一味搞扩张,钱不够就借款。借款得找人担保,就跟另外一家企业搞互保,结果扩张本身失败了。原本还有挽救的机会,但跟他互保的对象也失败了,没有办法救。所以,相互乱担保是害人害己的办法,千万不要为降低财务成本而搞互保。

三、公司治理结构层面

11. 实施家族式管理,缺乏辅助决策体系的监督

很多创业企业是家族企业,不少还是夫妻店。我的观点是,如果一个企业想成功,必须关掉夫妻店。家族企业想成功,必须适度地进行决策阳光化。家族企业会产生什么问题呢? 第一是员工缺乏责任感。第二是碰到困难的时候,员工很难跟你同舟共济。第三是无法做到集思广益。

12. 核心创业人员持股比例过低

核心创业人员的持股比例如果低于30%,成功率就低(国有企业除外,国有企业给员工10%或15%的股份就很好了,因为基础不一样)。我们投过这样的企业,行业很好,企业水平也很高,但从这个公司出来的人,已经缔造了一批伟大的公司,而这个企业却走向没落。原因就是骨干没有股份。还有一些靠风投支持下来的公司,大股东是风险投资机构,创业团队持股比例很小,这种企业的成功率也低。创业者骨干股份少,做事的心态和办法都不一样。

另外,老板不变,团队常变不可取。遇到困难,应该让团队去持股而不是换一个团队、改个产品,这种做法成功率不高。

13. 激励与约束不匹配

激励不到位,等于不激励。该花100元的只花了60元,等于白花。我一贯的主张是,单给团队高薪水、高待遇是不行的,应该给他股份。约束也非常重要。约束的目的是什么呢? 就是让人"有贼心无贼胆"。贼心管不了,但贼胆可以靠制度来管。

14. 创业团队的智力结构过于单一,风格过于重合

创业团队如果知识结构不齐全,都是一类专长的人,很容易出问题。有人适合搞技术,有人善于搞管理,有人善于搞经营;内向的人适合搞科研,外向的人适合搞经营——应该做这样的分析判断,做到人员合理搭配。人才结构好的企业,成功率非常高;人才结构不好的企业,成功率低,或者成功了也是小成功。

15. 实际控制人的精力过于分散

很多创业家同时做很多事情,不如专注做一件事情。如果作为老板,你已经不专注了怎么办? 第一,你的 CEO 必须持有公司股份,太少了不行。第二,你应该有人格魅力,在员工面前,你的人格魅力非常重要。如果人格魅力不够,失败的可能性更大。

四、产品技术层面

16. 知识产权保护不力

知识产权的保护,对企业盈利能力影响非常大。中国也有靠知识产权作为主要营收的企业,更多的情况是,由于知识产权保护得比较好,企业获得一个比较好的发展环境。如果在知识产权方面有重大瑕疵,这样的项目不要做。

17. 技术门槛和市场门槛低

门槛包括两个:技术门槛和市场门槛。门槛高低,不能用简单和复杂来区分。有的企业做的事情,看起来很简单,但门槛很高。因为市场地位也是门槛——新浪、携程都挺简单,但市场地位高,有规模,这样的企业门槛很高。

18. 可替代性强

作为创业者,替代趋势的分析非常重要。有三种替代:第一种是革命性的,比如说 LCD 替代 CRT;第二种是多样性的,比如电影和电视剧,过去电视剧把电影赢得一塌糊涂,后来电影归来了;第三种是差异性的,比如网下网上购物方式的长期共荣。

19. 有天花板

一些专业的软件公司,市场占有得差不多之后就下来了,又去规划另外一个专业软件。应该在开始规划的时候,就要多规划几个产品,奋斗空间不能太窄。如果人家认为你有天花板,就不会有兴趣。你想私募很困难,或者上市了股票价格走不上去,这都是天花板造成的。

20. 单一市场

以前中国企业能出口是好企业,现在要既能出口又能内销才算好。两个市场都敢卖,就说明对国内和国外的销售都掌握了规律。单一市场有一个很大疑问——经济周期和宏观环境变化可能导致生存困难。

21. 对资源和环境的依赖大

创业或投资,朝减少消耗的方向走,成功的可能性就更大。对于现有的企业来讲,有两条对策:第一要逐步减少对资源和环境的依赖;第二要提高应对环境变化的本领。在金融危机时有一个现象:需求减少了,但有限的需求会特别集中,这会造成个别企业更加优秀。

我们扶植上市的东方日升,做太阳能的。2007 年利润是 2 000 万元,2008 年太阳能行业大洗牌,东方日升的利润达到 8 000 万元。2009 年利润达到 1.35 亿元,2010 年 1—9 月业绩 1.5 亿元。它何以持续增长? 因为有消化环境的本领。

22. 没有差异化的竞争优势

产品与技术的水准要与众不同。产品与技术市场基础要牢固,市场要有一个认可度。所以我认为,创业要争取做哪怕很小的细分市场的第一第二,做后边的不行。另外,产品与技术的经营管理要略胜一筹。核心就是成本控制,成本控制好了,就可能在别人不挣钱的时候挣钱,在别人挣小钱的时候挣大钱。

五、商业策略与经营模式层面

23. 泡沫阶段赶潮流

创业也好,投资也好,不要在行业中后期或顶点进入,否则未来 3~5 年都是艰难的生存期。

我们曾经投资一家企业,投资当年就是利润最高点,因为这个行业走到顶点了。要选择在行业的爬坡阶段投资。2006 年年底,我们投资了做锂电池正极材料的企业,利润不足 300 万元。在别人还不敢投的时候我们投了,结果企业高速成长,2009 年利润已经达到 4 000 万元,上市了,我们赚了近 50 倍。

24. 产业链过长

干一件事,要考虑你的链条究竟有多长。我们投资了很多芯片设计公司,后来发现到终端短的企业都成功了,而到终端长的企业,情况不太好,这就叫"链条过长容易断"。

我们还投资了电视购物公司。电视购物公司在国外挺好,在中国却没有一个伟大公司出现。细分起来,就是因为需要搞定的环节太多。首先,要有频道资源,可能这个城市签了那个城市签不下来。第二,要选择好的产品也不容易。第三,购物人的观念也非常重要。第四,跟商家的利益分配问题很复杂。因为环节太多,某一个点出了问题就不行。

25. 制约点太广太多

同样的道理,如果办成一件事情需要盖很多"公章",这事就很难。产品也一样,如果你做的产品配套环节太多,也会非常困难。

26. 雪中送炭还是锦上添花

这是需求分析的问题。每一个项目,你都可以这样去考虑:它是雪中送炭还是锦上添花？雪中送炭要比锦上添花好。例如，手机支付有两种：一种可以把信用卡集成在手机 SIM 卡上，付款只要带手机就可以。另一种模式是把通过桌面执行的电子支付搬到手机上。前一种模式是雪中送炭，后一种模式就是锦上添花。同样两个项目，雪中送炭的应该是优先选项，如果是锦上添花型项目，那必须高举高打。

27. 领先一大步等于赔钱等三年

要干领先一小步的事，而不要干领先一大步的事。领先一大步的事应由国家来干。

28. 忽略新项目的凌乱美

对项目亮点的准确判断是成功的一半。10 年前，腾讯找我们投资，我们看不明白，或者说对凌乱美没看明白，没投。如果当时投 500 万元，现在的市值应该是400 亿元。所以，不能忽略创新项目的凌乱美。创业也好，做投资也好，对项目亮点的判断是很重要的。

29. 当杂货铺掌柜

每一个企业都应该专业化，如果已经专业化，就要把细分领域做精。我们也做过这样的项目，企业本身业务是专业化的，但它没有把专业化的一个细分领域去做精，而是每一个都去做，最后它失败了。

30. 单一依赖

对单一客户和市场的依赖也很可怕，有的时候企业家觉得单一依赖很舒服——对特定市场的依赖，是因为这个市场提供的利润高，换了一个特定市场可能利润低。

创业者应该从更长的时间点来看这个问题，因为市场环境是不断变化的。此外，做资本运作的时候，如果你多个市场，投资人的想象空间就大，估值就高。所以，不管从经营角度来讲，还是从投资角度来讲，都要尽量规避单一依赖。

（资料来源：青年创业网 http://www.qncye.com/gushi/shibai/032737691.html.）

第二章

创业融资的相关分析工具

创业融资的基本分析工具是融资风险和融资成本，新创公司的财务管理者需要在科学测算和比较分析每一个融资方案的风险与成本指标后方可做出融资决策。此外，基于现金流量分析的估值技术也是创业公司融资管理中常用的分析工具，通过对新创公司的合理估值，确定给定投资额度下的股权对价。

第一节 | 融资风险与融资成本

融资风险是指融资的本金偿还和融资的费用（利息）支付所具有的不确定性。

一、融资风险

（一）风险及其测定

1. 风险的定义

风险是对预期结果不确定性程度的度量①。风险不仅包括负面效应的不确定性，也包括正面效应的不确定性。当进行一项投资活动，既可能实现投资收益也可能发生投资损失，但只要这种收益或损失是不确定的，该投资项目就存在着风险，不确定的程度越高，风险就越大。

预期结果不确定性越大，意味着风险就越大。与将资金存入银行相比，如果该笔资金用于购买股票，由于股票的价格波动大，导致投资股票的收益就有更多的不

---

① 将风险理解为损失是对风险的误解，风险越大并不代表损失越多，风险是对不确定性程度的度量。如果确定会发生损失，则不存在不确定性，此时则无风险可谈。同样，如果某项投资的收益具有巨大的不确定性，风险就大。

确定性,所以股票投资的风险比存入银行的风险要大。风险与损失不是同一个概念,即使股票投资的收益比银行存款的收益(存款利息)更高,但由于股票投资收益的不确定性程度更大,所以其风险也就更高。

　　新创公司的风险既有来自市场的系统性风险,也有来自特定公司内部的非系统性风险,又称特定风险,非系统性风险可以通过分散化投资来控制风险。创业公司的非系统性风险主要有管理风险、财务风险、技术风险和市场风险等。其中,管理风险、技术风险和市场风险统称为经营风险或营业风险。管理风险主要来自新创公司管理层,部分管理人员基于信息不对称而产生经营管理理念冲突、利益冲突甚至侵害其他管理人员行为而带来的内部矛盾从而影响公司经营。财务风险是指由于还本付息的刚性特点,新创公司在融资后可能会出现不能支付或不能如期支付贷款本金或利息的情况。技术风险是指新创公司的研发活动遇到技术瓶颈,如无法如期攻克技术难关,或在现有技术、财务支撑下不能达到技术预期从而影响新产品的开发与推广。市场风险来自市场环境,如原材料供应、消费者价格预期、市场竞争者环境等,导致新创公司不如如期实现市场推广或实现预期的市场占有率等。这些来自特定创业公司的风险就是非系统性风险。

　　风险投资者可以投资多个创业项目或新创公司,分散掉来自特定投资项目的非系统性风险,而创业者则不能分散掉非系统性风险,这是因为创业者将自己的绝大部分资产都投资于特定的创业项目,所以来自这一特定创业项目的非系统性风险,创业者将无法回避。

　　创业公司的非系统性风险有可能是来自经营活动,如产品价格波动、原材料价格或供应波动、营销渠道发生变化、客户消费需求转变、竞争者策略变化、替代产品出现、技术及生产工艺进步等。这类风险统称为经营风险或市场风险。非系统性风险也可能来自于财务方面,由于投资者的谨慎出资或债权人对创业者的不能充分认同会导致无法及时获得必要的融资;由于创业失败、资金调度失灵等导致无法如期偿还借款本息或无法让投资者获得预期的财务回报。以投资者的视角,由于创业者、创业项目鲜为人知,尚无社会影响,市场尚未开发或未获得必要的市场占有率,对创业者资信和能力知之不多甚至一无所知,对创业项目的市场前景不能明确把握,出资就更加谨慎。对其出资能否如期收回本金甚至能否收回本金、能否获得预期的收益,都具有巨大的不确定性,所以出资风险大。站在创业者角度,创业项目能否成功、产品或服务能否市场化、其市场前景如何、产品竞争者或替代者的情况如何、能否获得预期的市场回报,都存在着很大的不确定性,在产品的设计研发、市场的推广营销等创业进程中,任何一个环节的失败,都可能导致创业失败,而一旦创业失败,所有的投资都可能付之东流,借债也将无法偿还,投资者的投资也将蒙受损失。创业企业的风险及其内容如图 2-1 所示。

测定风险的大小,通常用概率统计方法的标准差来实现。

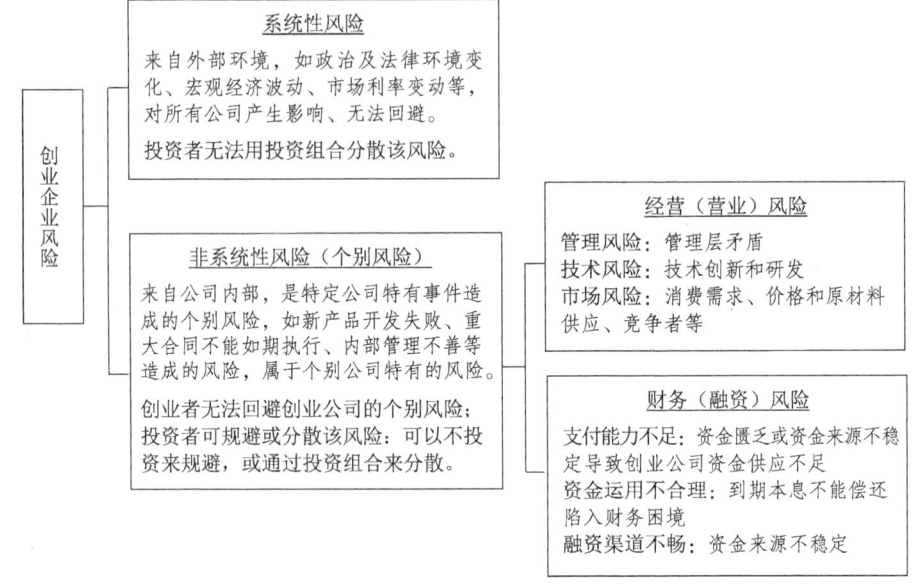

图 2-1 创业企业的风险及其内容

2. 期望收益率的计算

概率是指某一随机事件发生的可能性。通常,将必然发生事件的概率定为 1,不可能发生事件的概率为 0,而一般随机事件的概率介于 0 与 1 之间。概率若用 P_i 表示,则符合以下两个要求:

(1) $0 \leqslant P_i \leqslant 1$;

(2) $\sum_{i=1}^{n} P_i = 1$。

期望报酬额(率)是各预期报酬(率)以其概率为权数的加权平均数。计算公式如下:

$$\overline{X} = \sum_{i=1}^{n} X_i P_i$$

式中,$\overline{X}$ 代表期望报酬额(率);X_i 代表第 i 种情况下的报酬(率);P_i 代表第 i 种情况出现的概率;n 代表所有可能情况的总数。

假设有一投资项目,现有甲、乙两方案可供选择,两个方案在未来 3 种经济情况下的预期年投资收益及其概率分布如表 2-1 所示。

表 2-1　投资项目预期年投资收益及概率分布　　　　单位：万元

经济状态	概率(P)	甲方案预期(X)	乙方案预期(X)
繁荣	0.3	800	10 000
一般	0.5	400	500
衰退	0.2	0	−250

根据表 2-1 的资料，分别计算甲、乙两方案的期望报酬额。

甲方案：$\overline{X} = 800 \times 0.3 + 400 \times 0.5 + 0 \times 0.2 = 440$（万元）

乙方案：$\overline{X} = 1\,000 \times 0.3 + 500 \times 0.5 + (-250) \times 0.2 = 500$（万元）

可见方案乙的期望报酬率高于方案甲。

3. 风险的测算工具——标准差

标准差又称标准离差，是各种可能的报酬与期望报酬额（率）的偏离程度。标准离差越小，说明可能实现的报酬偏离期望值的程度越小，即离散程度越小，风险也就越小，反之，标准离差越大，风险就越大。

标准离差用 σ 表示，其计算公式如下：

$$\sigma = \sqrt{\sum_{i=1}^{n}(X_i - \overline{X})^2 \times P_i}$$

根据表 2-1 的资料，计算甲、乙两方案的标准差。

甲方案的标准差：

$$\sigma = \sqrt{(800-440)^2 \times 0.3 + (400-440)^2 \times 0.5 + (0-440)^2 \times 0.2} = 280$$

乙方案的标准差：

$$\sigma = \sqrt{(1\,000-500)^2 \times 0.3 + (500-500)^2 \times 0.5 + (-250-500)^2 \times 0.2} = 433$$

标准离差率也称变异系数。它是标准离差与期望值的比值。其作用在于用相对数来衡量离散程度（即风险）的大小。标准离差率越小，说明预期报酬率偏离报酬率期望值的程度越小，风险也就越小；反之，标准离差率越大，风险也就越大。

因为是绝对数指标，所以标准离差指标具有一定的局限性，通常只能对报酬（率）期望值相等的不同方案进行风险大小的比较，而不能用于报酬（率）期望值不相等的不同方案之间的风险进行比较。标准离差率是用来反映标准差的相对数，可以用于报酬率期望值不相等的不同方案的风险比较，可更直观地反映偏离程度，标准离差率用 V 表示，其计算公式如下：

$$V = \frac{\sigma}{\overline{X}} \times 100\%$$

甲、乙两方案的标准离差率分别是：

甲方案：$V = \frac{280}{440} \times 100\% = 63.64\%$

乙方案：$V = \frac{433}{500} \times 100\% = 86.6\%$

从以上计算结果可知，甲方案的标准离差率小于乙方案，故甲方案的风险低于乙方案。

(二) 融资风险

如前所述，非系统性风险是来自特定公司的风险，一般不能通过投资多样化来分散，这种来自特定公司的非系统性风险主要包括经营活动的风险和财务活动的风险。

财务风险是由于融资结构不合理、融资不当导致预期收益下降从而产生的不能如期支付或流动性不足的风险，它是由于融资而产生的风险，即财务状况恶化。

财务状况是指企业的资产、负债和所有者权益的数额、构成及其相互适应的关系。一定数额的资产、负债和所有者权益是企业从事生产经营以及财务管理的起点，资产、负债和所有者权益的结构反映了企业资产的流动性和资金的构成状况，资产、负债和所有者权益的相互适应程度则反映了企业的支付能力和财务稳定性。

财务状况恶化具体表现为以下 3 个方面：

1. 支付能力不足

财务状况恶化直接表现为支付能力不足，到期的账单无法支付、到期的负债无法支付、采购资金无法落实、投资项目没有资金支持等，简单地说，就是流动性不足。

支付能力不足一方面是公司资产的配置不合理，大量资金配置到长期资产，不能及时转化为所需的现金或约当现金；另一方面则是资金来源渠道不畅，不能及时筹集到所需的资金。

严重的财务状况恶化与巨额亏损一样也可能会导致公司陷入破产境地。

财务人员的一个重要任务是要时时监控公司财务状况的变化，适时调度资金，保持充实的支付能力，避免产生流动性不足的问题。

2. 融资渠道不畅

融资渠道不畅是导致支付能力不足的重要原因，如果一个公司的融资渠道不畅,会使得资金来源的不稳定性,一旦需要支付,不能及时地从外部筹集所需的资金。

稳定的资金来源需要在财务人员正确地处理与资金供应者包括股东、银行等债权人的关系,及时组织到期债务偿还与利息支付,及时向投资人报告公司经营情况,兼顾公司、投资人、债权人各方利益,以保证资金的稳定供应。

3. 资金运用不合理性

合理运用资金,就是资金在各种资产形态上分布的合理性,就是资产结构的合理性。生产经营过程中资金以不同的资产状态出现,并保持一定的内在关系,如果某一项资产的比重过大,占用在该项资产上的资金过多,就必然出现一部分资金的沉淀和闲置,从而产生浪费,如应收账款占用过多,企业的坏账损失就越大,收账费用就会越多;投放在设备和厂房上的资金过多,就会造成产能过剩,而且不能及时得到变现。所以,合理地运用资金,就是要使得分布于企业各项资产上的资金有一个适当的比例关系,防止浪费和不足。

资金运用不合理,一方面会造成损失和浪费,另一方面会造成资产的变现受阻,不能及时转化为现金,形成支付能力,所以是造成财务状况恶化或陷入财务困境的重要推手。

(三)负债融资风险

融资风险既包括权益融资风险[①],又包括负债融资风险。

创业者、天使投资者、风险投资者、战略投资者等向创业公司的投资形成了创业公司的权益资本。包括创业者和上述各类投资者,因其投资而变成公司的所有者,即股东,按投资额或约定比例占有一定的份额,并不同程度地参与公司的经营管理和相关决策。由于不需要还本,所以权益融资的风险主要表现为不能按计划向各类投资人分配红利,严重情况下,权益融资风险的结果有可能是投资人要求公司强制破产清算。

负债融资又称筹资风险,是公司利用负债融资给企业财务成果及偿债能力带来不确定性的风险。由于负债具有偿还债务本金和利息的刚性要求,而且不会随着企业的经营好坏而发生变动,与权益融资相比,债务本息的支付刚性更强,所以负债融资造成的不能如期或不能如数偿还本息的风险,对公司的负面影响更大。

负债融资风险一般是通过财务杠杆指标来测算,杠杆系数越大,风险越大。

---

① 权益融资风险既包括向外部股东分红导致创业者获利的减少,又包括创业者为了获得外部股权资本而向外部投资者释放股权而导致的控制权流失,有关控制权的问题,将在后续相关章节中具体讨论。

1. 营业杠杆

营业杠杆系数（degree of operating leverage，DOL）是对营业收入的变动所引起的息税前利润（EBIT）①变动程度的测定。由于存在固定成本②，在其他条件不变的条件下，业务量增长会使单位业务量负担的固定成本降低，从而提高单位利润；反之如果业务量下降，会使单位业务量的固定资产上升，从而引起息税前利润的更大幅度下降，这就是固定成本的放大作用。营业杠杆系数可用下列公式计算：

$$营业杠杆系数（DOL）= \frac{息税前利润变动率}{业务量变动率} = \frac{\Delta EBIT/EBIT}{\Delta S/S} = \frac{S-VC}{S-VC-FC}$$

其中：DOL 为营业杠杆系数；$EBIT$ 为税息前利润；S 为销售额；VC 为变动成本；FC 为固定成本。

由上述公式可知，由于存在着固定成本，所以营业杠杆系数通常会大于 1，而且，固定成本越高，经营杠杆系数越大，利润变动越大，经营风险也就越大。

营业杠杆主要用于对营业风险进行测定。由于市场环境经常发生变化，会直接引起营业额（销售额）的变化，这一变化通过固定成本的放大作用，引起的息税前利润更大幅度的变化，这就是营业风险。引起销售额变动的市场因素有很多，如宏观政策的调整、法律环境变化、原材料供应变化、市场消费变化、价格变动等等，这些因素都会直接影响到业务量（销售额）的变动，从而产生营业风险。

【例 2-1】　如果公司的固定成本总额为 50 000 元，变动成本率为 60%，销售量为 30 000 件，产品单价为 10 元。请计算：

（1）营业杠杆系数。

（2）如果下年销售额增加 10%，计算息税前利润的增长率。

由公式可知：该公司的营业杠杆系数为：

$$TOL = \frac{30\,000(10-10\times 60\%)}{30\,000(10-10\times 60\%)-50\,000} = 1.71$$

如果下年度销售额增长 10%，则息税前利润将增长 10%×1.17＝11.7%。

2. 财务杠杆

财务杠杆系数（degree of financial leverage，DFL）是对负债融资风险的测定，

---

①　息税前利润是指在支付利息和所得税之前的利润，通常反映公司全部资产的回报率，即投资回报率。

②　固定成本是指不随着业务量（销售量）变化而变化的成本，是相对不变的成本项目，如柜台的租金，无论在该柜台上销售了多少商品，其租金总额是不变的。单位固定成本则相反，会随着业务量的增加而降低，该柜台上销售的商品越多，分摊到每件商品上的固定成本则越少。与固定成本相对的是变动成本，变动成本是随着业务量（销售量）变化而变化的成本，如商场商品的进货成本，商场销售的商品越多，商品的销售成本就越多。

如前所述,由于企业负债的本息所具有的不会随着企业经营状况好坏而发生变化的刚性作用,企业息税前利润的较小变化会引起每股收益的较大变化。当息税前利润发生变化时,每一元利润所负担的利息费用也会随之发生变化,从而进一步引起每股收益的变化。财务杠杆系数是每股盈余变动率相对于息税前利润变动率的倍数。计算公式为:

$$财务杠杆系数(DFL) = \frac{每股盈余变动率}{息税前利润变动率} = \frac{\Delta EPS/EPS}{\Delta EBIT/EBIT} = \frac{S-VC-FC}{S-VC-FC-I}$$

其中:DFL 为财务杠杆系数;$EBIT$ 为税息前利润;S 为销售额;VC 为变动成本;FC 为固定成本;I 为负债利息。

由上述公式可知,由于存在着负债利息,所以财务杠杆系数通常会大于 1,而且,负债利息越高,财务杠杆系数越大,息税前利润的变动率对每股利润变动率就会越大,所以财务风险就越大。

【例 2-2】　如果公司资本总额 100 万元,负债比率为 40%,负债利率为 10%,息税前利润为 20 万元。请计算:财务杠杆系数。

根据公式计算:

$$DFL = \frac{20}{20 - 100 \times 40\% \times 10\%} = 1.25$$

3. 复合杠杆

复合杠杆是指营业杠杆和财务杠杆的综合作用。它反映销量变化对普通股每股利润的影响程度,其作用大小用复合杠杆系数(degree of total leverage, DTL)表示,反映每股利润变动率相当于销量(额)变动率的倍数,其计算公式为:

$$复合杠杆系数(DTL) = \frac{每股盈余变动率}{业务量变动率} = \frac{\Delta EPS/EPS}{\Delta S/S} = \frac{S-VC}{S-VC-FC-I}$$
$$= DOL \times DFL$$

由于存在着固定成本和负债利息的双重影响,业务量的较小变动会引起每股盈余更大幅度的变动,这些变动会使得股东的收益变得更加不确定,从而带来风险,包括来自于市场因素的风险(营业风险)和筹资(财务)风险,所以复合杠杆系数是对公司总风险的综合反映。

如果某公司的营业杠杆系数(DOL)为 2,财务杠杆系数(DFL)为 1.6,则复合杠杆系数:

$$DTL = DOL \times DFL = 2 \times 1.6 = 3.2$$

二、融资成本

(一) 融资成本

融资成本又称资金成本是指公司为筹集和使用资金而付出的代价,包括筹资费用和用资费用两部分。筹资费用是指企业在筹集资金过程中所支付的费用,如支付给银行的借款手续费,债券和股票的发行费等,通常是一次支付的。用资费用是指企业为使用资金而支付的费用,如利息、股利等。资金成本可以用绝对数来表示也可以用相对数表示,通常用相对数来表示,即资金成本率,其计算公式为:

$$资金成本率 = \frac{每年的用资费用}{筹资数额 - 筹资费用}$$

不同筹资方式资金成本不尽相同。财务管理者应当通过比较不同方式的个别资金成本大小,为选择筹资方式提供依据。同时,资金成本也是评价投资项目是否可行的重要标准,以资金成本率为折现率,如果投资项目的净现值[1]大于零,则该项目才是可行的,也就是说,投资项目的报酬率大于资金成本率时,项目是可行的。

(二) 个别资金成本的计算

个别资金成本是指各种具体筹资方式的个别成本。

1. 公司债券资金成本

债券成本的计算公式如下:

$$债券成本率(Kb) = \frac{债券年利息 \times (1 - 所得税税率)}{发行额 \times (1 - 筹资费率)} \times 100\%$$

债券的利息在所得税前扣除,具有抵税作用,计算资金成本率时统一到所得税后的实际利息为利息(1 - 所得税税率)。另外,由于发行债券时会有一部分发行费用,如支付给承销单位的发行佣金等,所以实际筹得的资金应当扣除这部分发行费用。

【例 2-3】 如果公司发行三年期票面年利率为 12% 的债券 2 000 万元,发行费率为 3.25%,公司所得税税率 25%,计算该债券的成本。

$$Kb = \frac{2\,000 \times 12\% \times (1 - 25\%)}{2\,000 \times (1 - 3.25\%)} \approx 9.30\%$$

---

① 有关现值、净现值等指标,将在本章第二节"现金流量分析技术"中具体讨论。

2. 长期借款资金成本

长期借款的资金成本与债券的资金成本计算基本相同,其计算公式如下:

$$长期借款成本率(Kl) = \frac{借款年利息 \times (1-所得税率)}{借款额 \times (1-借款手续费率)} \times 100\%$$

由于银行借款的利息也在所得税前列支,具有抵税作用,所以在计算借款资金成本时,需要调整为税后资金成本口径计算。

【例 2-4】 公司向银行借款 200 万元,年利率 8%,期限 5 年,借款手续费率 1%,所得税率 25%,计算借款的成本。

$$Kl = \frac{200 \times 8\% \times (1-25\%)}{200 \times (1-1\%)} \approx 6.06\%$$

3. 优先股①资金成本

优先股的股利在所得税后支付,所以没有抵税作用,其计算公式为:

$$优先股资金成本率(Kp) = \frac{年股利额}{发行额 \times (1-筹资费率)} \times 100\%$$

【例 2-5】 公司发行优先股 300 万元,年股利率 12.5%,筹资费率 5%,计算优先股成本。

$$Kp = \frac{300 \times 12.5\%}{300 \times (1-5\%)} = 13.16\%$$

4. 普通股②资金成本

由于普通股有多种股利政策和支付方式,普通股的资金成本从理论上说是股东在一定风险条件下所要求的最低报酬率,如果最低报酬率表现为逐年增长,其计算公式为:

$$普通股资金成本率(Kc) = \frac{第一年每股股利}{每股市价 \times (1-筹资费率)} + 股利年增长率$$

【例 2-6】 公司普通股每股市价 20 元,拟增发 10 万股,筹资费率 6%,第一年每股股利 2 元,股利增长率 5%,计算其成本。

$$Kc = \frac{2}{20 \times (1-6\%)} + 5\% = 15.52\%$$

---

① 优先股一般是股份公司出于某种特定的目的和需要发行的股票,优先股股东享有普通股股东的优先权,可优先于普通股股东以固定的股息分取公司收益,在公司破产清算时优先分取剩余资产,但优先股股东一般不能参与公司的经营管理和决策。

② 普通股是股份公司发行的享有普通权利的股份,构成了公司资本的基础。普通股股东享有参与公司决策权、利润分配权、优先认股权和剩余资产分配权。

5. 留存收益资金成本

留存收益属于公司股东,使用这部分资金好像不需要任何代价,事实上它的使用存在一种机会成本[①],如果将这部分收益用作购买股票,存入银行或者进行其他方面的投资也将获得收益。因此留存收益也有成本。一般把留存收益视同普通股股东对企业的再投资,并参照普通股的方法计算其资金成本。

(三) 综合资金成本

企业的综合资金成本率是以各种个别资金占全部资金比重为权数,对个别资金成本进行加权而确定的加权平均资金成本率,其计算公式为:

$$综合资金成本率(Kw) = \sum_{j=1}^{n} WjKj$$

其中:n 为资金种类;Wj 为比重;Kj 为第 j 种资金成本;Kw 为综合资金成本率。

【例 2-7】 如果公司长期资本 500 万元,其中长期借款 80 万元,债券 120 万元,普通股 300 万元,其成本率分别为 7%、8.5%、14%,计算综合资金成本率。

$$Kw = \frac{80}{500} \times 7\% + \frac{120}{500} \times 8.5\% + \frac{300}{500} \times 14\%$$
$$= 11.56\%$$

第二节 现金流量分析技术

一、资金时间价值

(一) 资金时间价值

资金时间价值又称货币时间价值是指资金在周转使用中随着时间的推移而发生的增值。如果现在将 100 元存入银行,一年后将从银行取回 105 元(假设银行存款年利率为 5%),其中的 5 元利息或利率 5% 就是资金时间价值。

资金时间价值一般是指在没有风险和没有通货膨胀条件下的社会平均资金利润率。在日常经济生活中,由于政府债券的风险很小(接近于零),因此,当通货膨

---

① 机会成本是利用一定的时间或资源从事某项活动,同时也放弃了利用这些资源从事其他活动的机会,也就是说,选择了 A 方案就放弃了 B 方案,所以 B 方案的收益就构成了 A 方案的成本,即 A 方案的机会成本。

胀率很低时可将政府债券利率视同为资金时间价值。

在创业融资管理中,无论是融资还是投资,都必须考虑资金时间价值的影响。

(二) 资金时间价值的计算

1. 现值与终值

现值(present value,P)是指资金的期初价值,即未来某一时点上的一定数额的资金折合成现在的价值(即本金)。前边的存入银行的 100 元即为现值。

终值(future value,F)是指资金的未来价值,即一定数额的资金经过若干期后的价值(即本利和)。前述一年后从银行取回的 105 元即为终值。

2. 单利与复利

单利计息方法是指只有本金要计算利息,所产生的利息不再计算利息的一种计息方法。其利息的计算公式如下:

$$I = P \times i \times n$$

式中:I 代表利息;P 代表现值(即本金);i 代表利率;n 代表计息期数。

【例 2-8】 如果将现金 10 000 元存入银行,期限 3 年,年利率为 5%,则到期的利息为:

$$I = 10\,000 \times 5\% \times 3 = 1\,500(元)$$

复利计息方法是指不仅本金要计算利息,所产生的利息也要算利息(即利滚利)。也就是说,在每一期期末计息时,要将前期的利息并入本金作为下一期计息的基础。

【例 2-9】 如果某人将 10 000 元存入银行,复利年利率为 4%。若存款期为 1 年,则 1 年到期时的终值为:

$$F = 10\,000 \times (1 + 4\%) = 10\,400(元)$$

若存款期为 2 年,则 2 年到期时的终值为:

$$F = 10\,000 \times (1 + 4\%) \times (1 + 4\%)$$
$$= 10\,000 \times (1 + 4\%)^2$$
$$= 10\,816(元)$$

若存款期为 3 年,则 3 年到期时的终值为:

$$F = 10\,000 \times (1 + 4\%)^2 \times (1 + 4\%)$$
$$= 10\,000 \times (1 + 4\%)^3$$
$$= 11\,249(元)$$

3. 复利终值与现值的计算

（1）复利终值

复利终值可按下列公式计算：

$$F = P \times (1+i)^n = P \cdot (F/P, i, n)$$

式中，$(1+i)^n$ 称为复利终值系数，记作 $(F/P, i, n)$。可通过查"复利终值系数表"（附表1）获得。

【例 2-10】 假设向银行贷款 1 000 万元，贷款年利率为 10%，贷款期限为 5 年。那么 5 年到期需偿还本息多少？

根据复利计算公式，到期需偿还的本息为：

$$F = 1\,000 \times (1+10\%)^5$$
$$= 1\,000 \times 1.610\,5$$
$$= 16\,105.5（万元）$$

（2）复利现值

复利现值的计算公式是：

$$P = F \times \frac{1}{(1+i)^n} = F \cdot (P/F, i, n)$$

式中，$\dfrac{1}{(1+i)^n}$ 称为复利现值系数，可记作 $(P/F, i, n)$，可直接查"复利现值系数表"（附表2）获得。

【例 2-11】 某公司希望 5 年后用 250 000 元购买一台新设备，若银行定期存款利率为 8%，按复利计息，则现在需一次存入银行多少现金？

根据复利现值计算公式，该公司现在需一次存入银行：

$$P = 250\,000 \times (P/F, 8\%, 5)$$
$$= 170\,150（元）$$

（三）年金的计算

年金（annuity，A）是指每隔相同时期（一年、半年、一季、一月等）收入或支出相等金额的系列款项。例如，分期等额偿还贷款、定期支付租金、分期支付工程款、分期付款赊购、每年相等的销售收入等等，都属于年金的形式。

根据资金收付的时间和次数不同，年金一般可分为普通年金、预付年金、递延年金和永续年金。不论哪种年金，都是建立在复利基础之上的。

1. 普通年金

普通年金又称后付年金，是指每期末收付等额款项的年金，这种年金在现实经济生活中最为常见。

1）普通年金终值的计算

普通年金终值是指每期期末等额的系列款项的复利终值之和。

设 F_A 代表年金终值，A 代表年金（即每期的收付款），则普通年金终值的计算公式为：

$$F_A = A + A(1+i) + A(1+i)^2 + A(1+i)^3 + \cdots + A(1+i)^{n-1}$$

很明显，上述公式的右边是一个以 $(1+i)$ 为公比的等比数列之和。

故：
$$F_A = A \times \frac{(1+i)^n - 1}{i} = A \cdot (F/A, i, n)$$

式中，$\frac{(1+i)^n - 1}{i}$ 称为普通年金终值系数，记作 $(F/A, i, n)$，可查"年金终值系数表"（附表 3）得到。

【例 2-12】 假设某项目在 4 年建设期内每年年末向银行借款 200 万元。借款年利率为 10%，问该项目竣工时应付本息的总额是多少？

根据年金终值计算公式，项目竣工时应付的本息为：

$$F_A = 200 \times (F/A, 10\%, 4) = 200 \times 4.6410 = 928.2（万元）$$

2）普通年金现值的计算

普通年金现值是指每期期末等额的系列收付款的复利现值之和。

设 P_A 代表年金现值，则普通年金现值的计算公式为：

$$P_A = \frac{A}{1+i} + \frac{A}{(1+i)^2} + \frac{A}{(1+i)^3} + \cdots + \frac{A}{(1+i)^n}$$

很明显，上述公式的右边是一个以 $\frac{1}{1+i}$ 为公比的等比数列之和，

故：
$$P_A = A \times \frac{1 - (1+i)^{-n}}{i} = A \cdot (P/A, i, n)$$

式中，$\frac{1 - (1+i)^{-n}}{i}$ 称为普通年金现值系数，记作 $(P/A, i, n)$，可查"年金现值系数表"（附表 4）得到。

【例 2-13】 某公司投资一项目，每年年末取得收益 100 万元，收益期为 15 年，

年利率假定为 12%,15 年收益的现值为:

$$P_A = 100 \times (P/A, 12\%, 15) = 100 \times 6.810\,9$$
$$= 681.09(万元)$$

2. 预付年金

预付年金亦称即付年金或先付年金,是指在每期期初收付款项的年金。可见,预付年金与普通年金的区别仅在于收付款时间的不同:前者是期初收付款项;而后者则是在期末收付款项。因此,预付年金终值和现值的计算,是在普通年金终值和现值的基础上进行的。

1) 预付年金终值的计算

计算预付年金终值的公式为:

$$F_A = A \times \left[\frac{(1+i)^{n+1}-1}{i} - 1 \right] = A \times [(F/A, i, n+1) - 1]$$

式中,$\left[\dfrac{(1+i)^{n+1}-1}{i} - 1 \right]$ 为预付年金终值系数。它和普通年金终值系数相比,期数加 1,而系数减 1,可直接根据普通年金系数计算获得。

【例 2-14】 某公司每年年初存入银行 1 000 元,银行存款年利率为 8%,则第 10 年末的本利和为:

$$F_A = 1\,000 \times [(F/A, 8\%, 11) - 1] = 1\,000 \times (16.645 - 1) = 15\,645(元)$$

2) 预付年金现值的计算

计算预付年金现值的公式为:

$$P_A = A \times \left[\frac{1-(1+i)^{-(n-1)}}{i} + 1 \right] = A \times [(P/A, i, n-1) + 1]$$

式中,$\left[\dfrac{1-(1+i)^{-(n-1)}}{i} + 1 \right]$ 叫预付年金现值系数。它和普通年金现值相比,期数要减 1,而系数要加 1,可以根据普通年金现值系数计算求得。

【例 2-15】 某公司租用一台设备,在 10 年租期中每年年初要支付 5 000 元租金,年利率为 10%,则这些租金的现值为:

$$P_A = 5\,000 \times [(P/A, 10\%, 9) + 1] = 5\,000 \times (5.759 + 1)$$
$$= 33\,795(元)$$

3. 递延年金

递延年金是指第一次收付的款项发生在第二期或第二期以后的年金(如图 2-2 所示)。

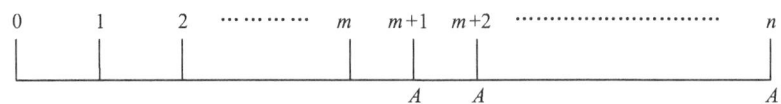

图 2-2 递延年金示意图

递延年金终值的计算,可以参照普通年金终值计算。递延年金现值的计算则有两种方法:

第一种方法是先求出递延年金在第 m 期期末的现值,再将它作为终值贴现至第一期期初,便可求出递延年金的现值。其计算公式如下:

$$P_A = A \times (P/A, i, n-m) \times (P/F, i, m)$$

第二种方法是先求出 n 期普通年金的现值,再从中减去没有付款的前 m 期普通年金的现值,二者之差便是递延年金的现值。其计算公式如下:

$$P_A = A \times [(P/A, i, n) - (P/A, i, m)]$$

【例 2-16】 某公司向银行借入一笔款项,借款年利率为 8%,银行规定前 5 年不还本付息,但从第 6 年至第 15 年每年末还本付息 100 万元,则这笔款项的现值为:

$$P_A = 100 \times (P/A, 8\%, 10) \times (P/F, 8\%, 5)$$
$$= 100 \times 6.710\,1 \times 0.680\,6$$
$$= 456.69(万元)$$

或: $$P_A = 100 \times [(P/A, 8\%, 15) - (P/A, 8\%, 5)]$$
$$= 100 \times (8.559\,5 - 3.992\,7)$$
$$= 456.68(万元)$$

4. 永续年金

永续年金是指无限期定额收付的年金,如支付无限期债券的利息、优先股的股利等,均可视为永续年金。

由于永续年金没有终止的时间,因而也就没有终值。永续年金的现值可以通过普通年金现值的计算公式导出,其计算公式如下:

$$P_A = \frac{A}{i}$$

【例 2-17】 假设某公司拟建立一项永久性的奖励基金,每年计划颁发 10 000 元奖金。若年利率为 10%,现在应存入多少钱?

$$P_A = \frac{10\,000}{10\%} = 100\,000(元)$$

二、现金流量分析

现金流量分析正是基于资金时间价值基础,对一个有着较长时间投资或融资项目进行分析的有效工具。

(一)现金流量的内容

现金流量是现金流入、现金流出及其总量情况的总称。

1. 现金流入

现金流入量是指现金收入的增加额,一个投资项目的现金流入主要有以下内容构成:

(1)营业收入,是指项目投产后每年实现的全部销售收入或业务收入。它是经营期主要的现金流入项目。

(2)回收固定资产余值,是指项目结束时固定资产报废清理或中途变价转让处理所回收的价值。

(3)项目结束时收回的原垫支的流动资金。

(4)其他现金流入量,是指不包括在以上内容的现金流入量。

2. 现金流出

现金流出量是指现金支出的增加额。一个投资项目的现金流出主要包括如下内容:

(1)建设投资(含更新改造投资),是指在建设期内按一定生产经营规模和建设内容进行的固定资产投资、无形资产投资和开办费投资等。它是建设期发生的主要现金流出量。

(2)流动资金投资,是指在投资项目中发生的用于生产经营及其周转使用的营运资金投资,又称垫支流动资金。

(3)付现的经营成本,是指在经营期内为满足正常生产经营而实际动用货币资金支付的成本费用。它是生产经营期内最主要的现金流出量。

(4)各项税款,是指项目投产后依法缴纳的各种税款,包括所得税、营业税等。

(5)其他现金流出,是指不包括在以上内容中的现金流出项目(如营业外净支出等)。

(二)现金净流量的计算

现金净流量(net cash flow,NCF)是指现金流入量与现金流出量之间的差额。

$$现金净流量 = 现金流入量 - 现金流出量$$

一个投资项目从准备投资到项目结束,经历了项目建设期、经营期及项目终结

期三个阶段。因此,根据上述现金流出、流入的内容,各阶段的现金净流量的计算公式可表达为:

(1)建设期的现金流量主要是现金流出量,即项目建设的投资额。

(2)项目终结期的现金流量应当包括当年的营业现金净流量和回收额,其中回收额是指收回的固定资产残值和垫支的流动资金数额。

(3)经营期的现金流量称为营业现金流量,主要有营业收入、付现成本、折旧和所得税等因素构成,可按下列公式计算:

$$营业现金净流量 = 营业收入 - 付现成本 - 所得税$$
$$= 营业利润 + 折旧① - 所得税$$
$$= 税后净利润 + 折旧$$
$$= 收入 \times (1 - 税率) - 付现成本 \times (1 - 税率) + 折旧 \times 税率$$

三、基于现金流的估值技术

现金流的估值技术是在前述资金时间价值和现金流量分析等基础上发展而来的长期投资和融资的估值技术,由于考虑了时间价值的影响,并通过调整折现率的方式加入了风险因子,所以是一个被广泛运用的估值技术。

(一)现金流量分析技术的主要指标

1. 净现值

净现值(net present value,NPV)是指一个项目的现金流入量(未来报酬)的现值减去该项目现金流出量(投资额)的现值。净现值大于零,说明该项目的真实回报率大于预期的折现率,是可行的,净现值越大的项目,报酬率越高。

净现值的计算公式如下:

$$NPV = \sum_{t=0}^{n} \frac{NCF_t}{(1+i)^t}$$

或

$$NVP = 未来报酬总现值 - 投资额现值$$

若投资方案的净现值为正数,则该方案可行;若净现值为负数,则该方案不可行,应舍弃。如果几个方案的投资额相同,且净现值均大于零,那么净现值最大的方案为最优方案。

---

① 在进行现金流量分析时,折旧是一项重要的现金流入量。从会计核算的角度分析,折旧是固定资产在使用过程中由于磨损而转到产品价值中去的部分,所以折旧是固定资产原有价值的转移,通常是转移到产品的成本中,产品成本则通过销售收入实现了补偿,也就是说,营业收入中有一部分是固定资产折旧的回收,所以折旧是一项现金流入项。

【例 2-18】 某公司计划进行一项投资，现有 3 个投资方案，项目初始投资分别是 7 000 万元、5 375 万元和 7 840 万元，其他有关资料如表 2-2。

表 2-2 投资项目的利润与现金流量 （金额单位：万元）

年份	A 方案		B 方案		C 方案	
	净利润	现金净流量	净利润	现金净流量	净利润	现金净流量
0		− 7 000		− 5 375		− 7 840
1	1 050	2 800	850	2 100	320	2 200
2	1 050	2 800	920	2 405	410	2 600
3	1 050	2 800	720	2 140	360	2 480
4	1 050	2 800	950	2 170	478	2 128
合计	4 200	4 200	3 440	3 440	1 568	1 568

根据表 2-2 的资料，计算 A、B、C 三个方案的净现值。（假设该公司的资金成本为 10%）。

(1) A 方案：项目投产后每年的 NCF 相等，故：

$$NPV_{A方案} = 2\,800 \times (P/A,\ 10\%,\ 4) - 7\,000 = 2\,800 \times 3.169\,9 - 7\,000 = 1\,875.72（万元）$$

(2) B、C 方案在项目投产后每年的 NCF 不相等，其未来报酬现值的计算如表 2-3：

表 2-3 B、C 方案净现值计算表 （金额单位：万元）

年份	B 方案			C 方案		
	现金净流量	复利现值系数	现值	现金净流量	复利现值系数	现值
1	2 100	0.909 1	1 909.11	2 200	0.909 1	2 000.02
2	2 405	0.826 4	1 987.49	2 600	0.826 4	2 148.64
3	2 140	0.751 3	1 607.78	2 480	0.751 3	1 863.22
4	2 170	0.683	1 482.11	2 128	0.683	1 453.42
合计	3 440		6 986.49	2 352		7 465.30

$$NPV_{B方案} = 6\,986.49 - 5\,375 = 1\,611.49（万元）$$
$$NPV_{C方案} = 7\,465.30 - 7\,840 = -374.7（万元）$$

从上述计算可知，A 方案的净现值最大，故 A 方案最优，C 方案净现值小于零，所以 C 方案不可行。

运用净现值指标分析评价投资方案的优点是考虑了资金时间价值和项目计算期内全部的现金净流量,能够反映各种投资方案的贴现后净收益,因而在实际工作中具有广泛的适用性。但其缺点是不能揭示各投资方案本身可能达到的实际报酬率的大小。

2. 现值指数

现值指数(present value index,PI)又称为获利指数,是指投资方案的未来报酬的总现值与投资额的现值之比。其计算公式如下:

$$现值指数(PI) = \frac{未来报酬总现值}{投资额现值}$$

若投资项目的现值指数大于 1,表示该项目的未来报酬大于投资,项目可行;反之,现值指数小于 1,则项目不可行。项目的现值指数越高,表示该项目的投资效益越高。

【例 2-19】　接[例 2-18]资料,根据表 2-3 的资料,A、B、C 方案的现值指数计算如下:

$$PI_{A方案} = \frac{2\,800 \times (P/A, 10\%, 4)}{7\,000} = \frac{8\,875.72}{7\,000} = 1.268\,0$$

$$PI_{B方案} = \frac{6\,986.49}{5\,375} = 1.299\,9$$

$$PI_{C方案} = \frac{7\,465.30}{7\,480} = 0.952\,2$$

从上述计算可知,C 方案的现值指数＜1,说明 C 方案不可行;而 A、B 方案的现值指数＞1,说明这两个方案可行,且 B 方案的现值指数最大,故 B 方案最优。

运用现值指数指标分析评价投资项目的优点是不仅考虑了资金时间价值,而且能反映投资效率。通常一个项目的现值指数大于 1,说明该项目的真实报酬率高于预期的折现率,现值指数越大的项目,报酬率越高。由于现值指数反映的是相对数指标,可以用来对投资额不等的项目进行比较。

3. 内含报酬率

内含报酬率(internal rate of return,IRR),是指使投资项目的净现值为零时的折现率,也称内部报酬率。由于内含报酬率是根据项目的现金流量计算出来的,所以是项目本身内在的投资报酬率。内含报酬率的计算公式如下:

$$\sum_{t=1}^{n} \frac{NCF_t}{(1+IRR)^t} = 0$$

式中,NCF_t 为第 t 年的现金净流量;n 为项目寿命;IRR 为内含报酬率。

【例 2-20】 接[例 2-18]资料,根据表 2-3 的资料,A、B、C 方案的内含报酬率计算如下:

1) A 方案的内含报酬率计算

令 $NPV_{A方案}=0$,则运用年金现值系数的计算公式:

$$原始投资－年金现值 = 0$$
$$7\,000 - 2\,800 \times (P/A,\ 10\%,\ 4) = 0$$
$$(P/A,\ 10\%,\ 4) = \frac{7\,000}{2\,800} = 2.5$$

查年金现值系数表(附表 4),第 4 期与 2.5 相邻近的年金现值系数是 2.588 7 和 2.404 3,分别对应的折现率是 20% 和 24%。现用插值法计算如下:

$$IRR_{A方案} = 20\% + \frac{2.588\,7 - 2.5}{2.588\,7 - 2.4043} \times (24\% - 20\%)$$
$$= 21.924\,4\%$$

2) B 方案的内含报酬率计算

用逐步测试法找出该方案的净现值由正到负的两个相邻的折现率,然后再运用插值法计算项目的内含报酬率。

若贴现率分别是 20% 和 24%,则 B 方案的净现值计算如表 2-4。

表 2-4　B 方案的净现值测试值　　　　　（金额单位：万元）

年份	各年 NCF	折现率 20%		折现率 24%	
		现值系数	现值	现值系数	现值
0	－ 5 375	1	－ 5 375	1	－ 5 375
1	2 100	0.833 3	1 749.93	0.806 5	1 693.65
2	2 405	0.694 4	1 670.03	0.650 4	1 564.21
3	2 140	0.578 7	1 238.42	0.524 5	1 122.43
4	2 170	0.482 3	1 046.59	0.423	917.91
NPV	3 440		329.97		(76.80)

用插值法计算 B 方案的内含报酬率:

$$IRR_{B方案} = 20\% + \frac{329.97}{329.97 + 76.80} \times (24\% - 20\%) = 23.244\,8\%$$

3) C 方案的内含报酬率计算

若贴现率分别是 7% 和 8%,则 C 方案的净现值计算如表 2-5。

表 2-5　C方案的净现值测试值　　　　（金额单位：万元）

年份	各年 NCF	折现率7%		折现率8%	
		现值系数	现值	现值系数	现值
0	−7 840	1	−7 840	1	−7 840
1	2 200	0.934 6	2 056.12	0.925 9	2 036.98
2	2 600	0.873 4	2 270.84	0.857 3	2 228.98
3	2 480	0.816 6	2 024.42	0.793 8	1 968.62
4	2 128	0.762 9	1 623.45	0.735 0	1 564.08
NPV	1 568		134.83		(41.34)

用插值法计算C方案的内含报酬率：

$$IRR_{C方案} = 7\% + \frac{134.83}{134.83 + 41.34} \times (8\% - 7\%) = 7.765\,4\%$$

通过对 3 个方案的内含报酬率计算结果可知，C 方案的内含报酬率为 7.765 4%，低于资金成本10%，故 C 方案不可行；A、B 方案的内含报酬率均大于企业的资金成本，是可行的，相比之下，B 方案的内含报酬率最高，为最优方案。

内含报酬率是投资项目内在的投资报酬率，因此，如果投资项目的内含报酬率大于企业的资金成本或投资者要求的报酬率，则该项目可行；否则，项目不可行。在多个备选方案的互斥选择决策中，应选择内含报酬最高的方案。

运用内含报酬率指标分析评价投资项目的优点是不仅考虑了资金时间价值，而且反映了投资项目的真实报酬率，在投资决策中被广泛采用。

（二）基于现金流量分析的单一阶段融资与分阶段融资

在第一章我们讨论了采用里程碑法分阶段融资可以控制融资风险，使创业者能够保留最大份额的权益，实现创业者价值最大化目标。这里我们进一步结合现金流量分析技术对这一结论进行讨论。

设想有一个创业项目，预期在第 5 年年末能够以 2 亿元的价格变现，变现方式可能是被收购或者发行股票上市等等，我们暂且不去设定具体的变现方式，如果该项目预期每年年初需要融资 500 万元，共 2 500 万元的总投资。假设某风险投资基金对该项目有兴趣，愿意为该项目投入权益性资本。目前市场年平均投资回报率为 8%，根据风险投资者对该创业项目的风险程度评估，如果是初期（第 0 期）投入，需要有 50% 的年回报率才能补偿其投资风险，随着创业进程的推进，以后每年则按照 5% 递减。

1. 单一阶段融资策略

如果是采用第 0 年(即第 1 年年初)一次性融得以后 5 年全部所需资金,即采取单一融资模式,则初期需要风险投资者投入的资本额为(如图 2-3 所示):

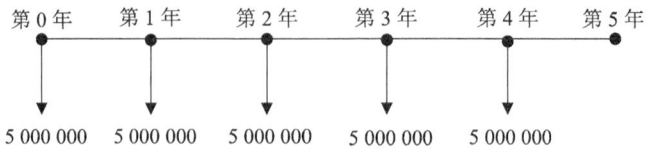

图 2-3　单一阶段融资策略下初期融资额的现金流量图

1)风险投资者需要在期初一次性投资额

采用年金现值法计算,风险投资者需要在第 0 年向创业项目投入资金为:

$$P_A = 5\,000\,000 \times (P/A, 8\%, 4) + 5\,000\,000$$
$$= 5\,000\,000 \times 3.312\,1 + 5\,000\,000$$
$$= 21\,560\,500(元)$$

2)风险投资者的期初一次性投资额在第 5 年末的价值

由于风险投资者对该创业项目有着很高的风险预期,对其投资有着很高的投资回报,由于是在第 0 年一次性投入了21 560 500元资本,在第 5 年年末的价值应采用50%的年回报率来折算,据此,风险投资者对其第 0 年的投资在第 5 年年末的期望价值为:

$$F = 21\,560\,500 \times (1 + 50\%)^5 = 163\,725\,046.875(元)$$

3)风险投资者要求的股权份额

根据上面的分析,风险投资者第 0 年投入的21 560 500元资本,折算到第 5 年年末的价值是16 372.504 688万元,而该项目在第 5 年年末的变现价值是 2 亿元,风险投资者的投资占81.86% $\left(\dfrac{16\,372.504\,688}{20\,000} \times 100\%\right)$。

具体计算情况如表 2-6 所示。

表 2-6　单一阶段融资模式下权益份额的计算

项目	第 0 年	第 1 年	第 2 年	第 3 年	第 4 年	第 5 年
创业项目的资金需求(万元)	500	500	500	500	500	
风险投资投入资本(万元)	2 156.05					
现金余额(万元)	2 156.05	1 788.53	1 391.62	962.95	500	
创业项目期末价值(万元)						20 000
风险投资预期价值(万元)						16 372.5
风险投资者所占份额						81.86%

2. 分阶段融资模式

与单一阶段融资策略不同,分阶段融资策略不要求风险投资者一次性于第 0 年缴足资本,而是在每年年初提供 500 万元资金就可以了。而且,随着时间的推移,风险投资者对创业项目的风险预期越来越小,所以预期的报酬率也越来越小(每年按 5% 递减,第一次出资的预期报酬率为 50%,第 2 期出资为 45%,直到第 5 期出资时预期的报酬率则降为 30%)。

1)风险投资者对其投资在第 5 年末的期望价值

$$F = 5\,000\,000 \times (F/P, 50\%, 5) + 5\,000\,000 \times (F/P, 45\%, 4) + 5\,000\,000 \times (F/P, 40\%, 3)$$
$$\quad + 5\,000\,000 \times (F/P, 35\%, 2) + 5\,000\,000 \times (F/P, 30\%, 1)$$
$$= 5\,000\,000 \times (1+50\%)^5 + 5\,000\,000 \times (1+45\%)^4$$
$$\quad + 5\,000\,000 \times (1+40\%)^3 + 5\,000\,000 \times (1+35\%)^2 + 5\,000\,000 \times (1+30\%)$$
$$= 37\,968\,750 + 22\,102\,531.25 + 13\,720\,000 + 9\,112\,500 + 6\,500\,000$$
$$= 89\,403\,781.25(元)$$

2)风险投资者要求的股权份额

采用分阶段融资策略时,风险投资者对其每年年初 500 万元的投资在第 5 年年末的预期价值为 89 403 781.25 元,占该创业项目第 5 年价值的 44.70% ($\frac{89\,403\,781.25}{200\,000\,000} \times 100\%$)。具体计算情况如表 2-7 所示。

表 2-7 分阶段融资模式下权益份额的计算

项目	第 0 年	第 1 年	第 2 年	第 3 年	第 4 年	第 5 年
创业项目的资金需求(万元)	500	500	500	500	500	
风险投资投入资本(万元)	500	500	500	500	500	
风险投资预期报酬率	50%	45%	40%	35%	30%	
创业项目期末价值(万元)						20 000
风险投资预期价值(万元)						8 940.378 1
风险投资者所占份额						44.70%

由上述分析可知,采用分阶段融资时,创业者只需要释放出 44.7% 的股权,比单一阶段融资需要释放 81.86% 的股权要少释放出 37.16%。在创业项目融资时,应优先考虑分阶段的融资策略,这样可以在创业者筹集必要的资金时,尽可能地减少对其权益份额的侵蚀,以最小的权益份额获得最大的资本注入。这也是创业融资所追求的目标,即创业者价值最大化。

第三节 | 创业公司的估值方法

公司估值方法很多,对创业公司进行估值,应在公司所处的不同创业阶段选择合适的估值方法。

一、创业公司估值主要方法

创业公司的估值,特别是现代互联网创业公司的估值方法有很多,最常用是市盈率法、市净率法、市销率法、市值/用户数等。

(一) 市盈率法

1. 市盈率

市盈率是告诉投资者在假定目标公司利润不变的情况下,按照市场交易价格买入该公司股票,通过公司的利润回报需要多少年才能回本,即市盈率(P/E)是每股市价与每股盈利的比率:

$$市盈率 = \frac{每股盈余}{每股净资产}$$

在市盈率计算中,某公司股票的市盈率越高,表示该股票的市场估值越高于其盈利水平,说明发行股票的该公司发展前景越好,越被资本市场所认可,利用市盈率可进一步对创业公司进行估值,其计算公式是:

$$公司市值 = 市盈率 \times 公司年收益$$

其中:"市盈率"是市场对该公司给出的价值相当于公司盈利的倍数[①];"公司年收益"是创业公司每年的税后净利润。

如果某上市公司某年的净利润为 1.25 亿元人民币,根据该公司所处的行业及公司的成长性,市场给出的市盈率为 21 倍,则该公司的市值则为 26.25 亿元(21 × 1.25 = 26.25)。

2. 市盈率法的应用

市盈率估值方法一般适用于有公开市场交易公司的估值,特别是对上市公司的估值,而且公司必须有盈利,如果公司亏损,该方法就失去了估值基础。这种方

[①] 公司市盈率的选择,需要根据具体情况确定,欧美等成熟资本市场的市盈率一般是 10～20 倍左右,包括我国在内的新兴资本市场的市盈率一般是 15～40 倍左右。对于高成长性的公司,资本市场一般都会给出较高的市盈率。

法的好处是有公开市场报价,行业市盈率以公开交易价值为基础来估算,但其缺点也更明显,由于只着眼于公司的税后利润,没有关注股东权益(净资产)和忽视了利润的波动风险。

市盈率估计法的最大问题是主观性特点,虽然行业市盈率可以根据公开市场价格获得,但具体到特定的目标公司市盈率的确定,却需要评估人员的主观判断,毕竟绝大多数创业公司在应用市盈率估值时都没有实质的股票交易市价。

(二) 市净率法

市净率是指公司的市价与其净资产的比率,即:

$$市净率 = \frac{每股市价}{每股净资产}$$

运用市净率指标,对创业公司的估值,用下列公司计算:

$$公司市值 = 市净率 \times 公司净资产$$

其中:"公司净资产"是公司股东权益,是股本(实收资本)、资本公积、盈余公积和未分配利润之和。

与市盈率估值法相比,市净率估值法是将目光聚焦在目标公司的净资产上,由于净资产的变化比净利润的变化受到外部市场的影响更小,所以市净值法在公司没有盈利或盈利波动风险大的情况下更适用,可以这样理解,市净率估值法是比市盈率估值法更稳健的估值方法,是对市盈率估值法的修正。

(三) 市销率法

市销率(P/S)估值法是销售分析方法,评估者将目光关注于目标公司的销售额,以销售额为基础估算公司的市值。其计算公式是:

$$市销率 = \frac{每股市价}{每股销售额}$$

市销率反映了公司价值与市场销售额的倍数关系,倍数越大,市值越高。与市盈率一样,市销率指标关注目标公司的市场销售情况,但与市盈率不同,市销率直接以销售收入为观测点,而有意忽略了费用成本的影响,更多的是关注公司在其目标市场的成长性,在此基础上进一步对目标公司的市值进行估算:

$$公司市值 = 市销率 \times 年销售净额$$

其中:"年销售净额"是公司当年实现的营业收入,在评估实务中,应当只选取营业收入中主营业务收入部分,因为只有主营业务收入才具有重复性,才具有分析价值。

市销率估值法并没有考虑公司的盈利水平,而是直接根据公司的销售规模来测算公司市值,这对于创业初期的公司估值是一个很不错的估值方法。在公司创业初期,即使有一定规模的销售额,由于管理费用、研发成本等巨额开支,在财务报表上很可能还不能体现盈利,此时用市盈率来估值方法就无法实现。

(四)市值/用户量估值法

对于互联网创业公司来说,创业初期的用户量/活跃用户数(monthly active users,MAU)是一个很重要的估值指标,通过吸引用户注册与使用,公司可以掌握大量的用户资源(信息),直接利用用户资源对互联网创业公司进行估值,已经是一个流行的估值方法。

通常,利用互联网作为平台进行创业的公司,在创业初期需要软件、硬件、人力资源和广告推广等巨量资本投入。但在早期通常没有收入或很少收入,更不用说盈利了,运用市盈率、市销率等都很难对该类创业公司合理估值,市值/用户量估值法就可以登场了。

市值/用户量估值法首先需要确定用户量。这里的用户数到底是注册用户量、收费用户量、还是页面浏览量(点击量),需要认真甄别,需要说明的是,用户量中应当剔除重复数。

市值/用户量估值法其次需要确定单用户预期贡献额。确认用户量后,紧接着就是要预测单用户贡献,即在预期客单额的基础上扣除相关费用后确定每个用户对公司盈利的贡献额。

结合有效用户量和客单贡献额可以具体测算这类公司的市值:

$$公司市值 = 用户量 \times 客单贡献$$

二、创业公司估值方法的选择

创业公司应当选择什么样的方法进行估值,需要结合创业公司所处的行业和创业阶段来具体确定。

通常,在创业种子期,如果正在概念或研发阶段,没有实现销售额的情况下,市销率估值法和市盈率估值法显然无用武之地。此时天使投资人对公司的估值虽然也会考虑到产品(服务)的市场需求、地理区域影响、所属领域的竞争格局,但更多的还会关注公司的核心优势,如创业团队、市场需求及其成长性等。但不管怎么说,由于缺乏强有力的数据支撑,天使投资人更多的是凭借自己经验进行主观判断,估值的随意性较大。

在产品开始推向市场有了一定的市场认同度时,对公司的估值可以考虑用户量估值法了,特别是互联网创业公司,虽然还不能实现盈利,但吸引客户资源就是公司价值的重要体现,当然,如果能辅之以市销率法则更好。

创业公司进入高速成长期时,市场迅速拓展、销售额大增,此时市销率估值法更为适用,如果有盈利,则市盈率也可以作为市销率的修正方法来运用。

当创业公司进入成熟期后,市场、客户、盈利都进入稳定期,此时更适用于市盈率法来估值。当然,贴现现金流量法也是不错的估值方法,当市场陷入低迷时,市净率法则可以发挥更好的估值作用。

扩展阅读

天使、A 轮、B 轮、VC、PE……估值方法大全

导读:到底在什么时候应该用什么估值方法,一直是业界争论不休的问题。本文希望找到各种估值方法的内部关系,并提出一些建设性的看法。让我们先看一个虚拟的社交类企业的融资历程。

天使轮:公司由一个连续创业者创办,创办之初获得了天使投资。

A 轮:1 年后公司获得 A 轮,此时公司 MAU(月活)达到 50 万人,ARPU(单用户贡献)为 0,收入为 0。

A+轮:A 轮后公司用户数发展迅猛,半年后公司获得 A+轮,此时公司 MAU 达到 500 万人,ARPU 为 1 元。公司开始有一定的收入(500 万元),是通过广告手段获得少量的流量变现。

B 轮:1 年后公司再次获得 B 轮,此时公司 MAU 已经达到1 500万人,ARPU 为 5 元,公司收入已经达到7 500万元。ARPU 不断提高,是因为公司已经通过广告、游戏等方式找到了有效的变现方法。

C 轮:1 年后公司获得 C 轮融资,此时公司 MAU 为3 000万人,ARPU 为 10 元,公司在广告、游戏、电商、会员等变现方式多点开花。公司此时收入达到 3 亿元,另外公司已经开始盈利,假设有 20% 的净利率,利润为6 000万。

IPO:以后公司每年保持收入和利润 30%～50% 稳定增长,并在 C 轮 1 年后上市。

这是一个典型的优秀互联网企业的融资历程,由连续创业者创办,每一轮都获得著名 VC 投资,成立 5 年左右上市。我们从这个公司身上,可以看到陌陌等互联网公司的影子。公司每一轮的估值是怎么计算的呢?

我们再做一些假设,按时间顺序倒着来讲:

IPO上市后,公众资本市场给了公司 50 倍市盈率。细心而专业的读者会立即反应过来,这个公司的股票投资价值不大了,*PEG*(市盈率/增长)>1,看来最好的

投资时点还是在私募阶段,钱都被 VC 和 PE 们挣了。

C 轮的时候,不同的投资机构给了公司不同的估值,有的是 50 倍 P/E,有的是 10 倍 P/S,有的是单个月活估 100 元人民币,但最终估值都是 30 亿元。每种估值方法都很有逻辑:一个拟上创业板的公司给 50 倍市盈率,没问题吧;一个典型的互联网公司给 10 倍市销率,在美国很流行吧;或者一个用户给 15~20 美元的估值,看看 Facebook、Twitter 等几个公司的估值,再打点折扣。

B 轮时候,不同投资机构给了不同估值方法,分歧开始出来了:某个机构只会按 P/E 估值,他给了公司 50 倍市盈率,但公司没有利润,所以公司估值为 0;某个机构按 P/S 估值,他给了公司 10 倍市销率,所以公司估值为 10×0.75 亿元 = 7.5 亿元;某个机构按 P/MAU 估值,他给每个 MAU100 元,所以公司估值达 100 元/人×1 500万人 = 15 亿元。不同的估值方法,差异居然这么大!看来,此时 P/E 估值方法已经失效了,但 P/S、P/MAU 继续适用,但估出来的价格整整差了一倍!假设公司最终是在 7.5 亿~15 亿元之间选了一个中间值 10 亿元,接受了 VC 的投资。

A 轮的时候,P/E、P/S 都失效了,如果继续按每个用户 100 元估值,公司还能有 100 元/人×500 万人 = 5 亿元估值。此时能看懂公司的 VC 比较少,大多数 VC 顾虑都很多,但公司选择了一个水平很高的、敢按 P/MAU 估值、也坚信公司未来会产生收入的 VC,按 5 亿估值接受了投资。

天使轮的时候,公司用户、收入、利润啥都没有,P/E、P/S、P/MAU 都失效了,是怎么估值的呢?公司需要几百万元启动,由于创始人是著名创业者,所以 VC 都多投了一点,那就给2 000万元吧,再谈个不能太少不能太多的比例,20%,最后按 1 亿元估值成交。

我们总结一下,这个互联网公司天使轮的估值方法是拍脑袋;A 轮的估值方法是 P/MAU;B 轮的估值方法是 P/MAU、P/S;C 轮的估值方法是 P/MAU、P/S、P/E;也许上市若干年后,互联网公司变成传统公司,大家还会按 P/B(市净率)估值!大家回想一下,是不是大多数的融资都是类似的情况?

对互联网公司来说,P/MAU 估值体系的覆盖范围是最广的,P/E 估值体系的覆盖范围是最窄的。在此,我姑且把这种覆盖体系叫做估值体系的阶数。

P/MAU 是低阶估值体系,容忍度最高;P/E 是高阶估值体系,对公司的要求最高。

不同的估值方法殊途同归,我们来看一个公式:

净利润 = 收入 - 成本费用 = 用户数×单用户贡献 - 成本费用

净利润（E，earning）、收入（S，sales）、用户数（MAU）、单用户贡献（ARPU）

一般来说，如果企业没有 E，还可以投 S；如果没有 S，还可以投 MAU，但最终还是期待流量能转换为收入，收入能转换成利润。不同的创业企业，都处于不同的阶段，有的属于拼命扩大用户量的阶段，有的属于绞尽脑汁让流量变现的阶段，有的属于每天琢磨怎么实现盈利的阶段。然而，最终大家是要按盈利来考察一个公司的，那时候不同阶数的估值方法是殊途同归的。

为什么发展好好的公司会"B 轮死""C 轮死"？有的公司用户基数很大，但总是转换不成收入，如果在融下一轮的时候（假设是 B 轮），投资人坚决要按高阶估值体系 P/S 估值，那么公司的估值算下来是 0，融不到资，所以会出现 B 轮死；有的公司收入规模也不错，但老是看不到盈利的希望，如果在融下一轮的时候（假设是 C 轮），面对的是只按净利润估值的 PE 机构，他们觉得公司 P/E 估值为 0，公司融不到资，也会出现 C 轮死。

不同经济周期，估值体系使用范围会平移：在牛市，估值体系会往后移，这能解释为什么过去两年很多一直没有净利润公司都获得了 C 轮、D 轮，甚至 E 轮，而且是传统 PE 机构投资的，因为他们降阶了，开始使用 P/S 这个低阶工具了。

在熊市，估值体系会往前移，这能解释为什么今年下半年以来，一些收入和用户数发展良好的公司都融不到资，甚至只能合并来抱团取暖，因为连很多 VC 也要求利润了，大家把低阶的估值体系雪藏了。

二级市场的政策有明显的引导作用：中国为什么一直缺少人民币 VC？

部分原因是，中国的公众资本市场只认 P/E 这个高阶估值体系。我们看看创业板发行规则："连续两年连续盈利，累计净利润不少于 1 000 万元……或最近一年净利润不少于 500 万元，营业收入不少于 5 000 万元……"。必须要有这么多利润，才能上市，才能在二级市场具有价值，这个估值体系要求实在太高了。

当企业只有用户数、只有收入规模，哪怕你用户数是 10 亿人，你的收入规模有 100 亿，只要没有利润，估值统统为 0！所以人民币 VC 很少，PE 很多，因为他们响应了政府的号召只用市盈率这个工具，不然没有退出渠道！但美股、港股都有 P/S 的测试指标，只要达到一定规模就可以成为公众公司上市。如果公司能在上市后相当一段时间内都可以只按 P/S 估值（最终可能还是要按 P/E），将打通大多数公司的发展阶段，让每一轮的估值都变得顺畅起来。

到此，各种估值体系的内在联系以及使用方法就探究完毕了，希望各位创业者和投资者能应用这些原理行走在牛熊之间、各轮融资之间，希望立法者、读者能重视各阶估值体系的威力，积极改进规则发挥其对创新的引导作用。

一张图搞懂：A 轮、B 轮、天使轮，VC、PE、GP、LP：

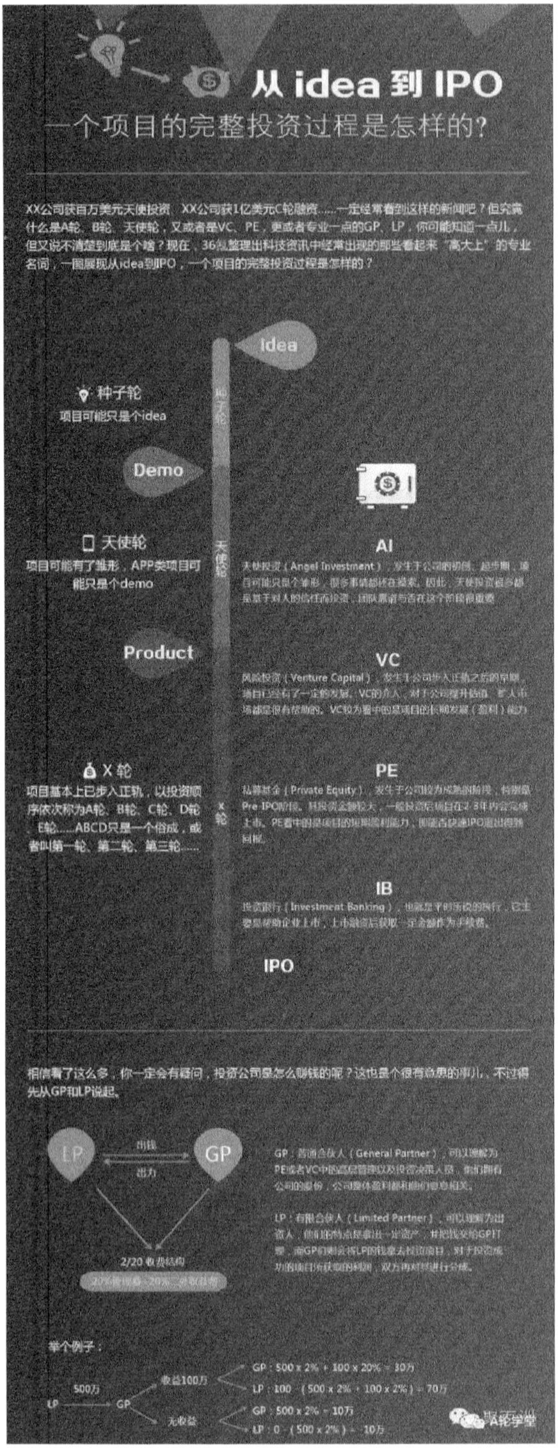

（资料来源：雪球 https://xueqiu.com/4070943129/112480070，作者：深入经藏）

第三章

创业初期的融资管理

创业初期包括种子期和幼苗生存期,是新创企业的初始阶段。这一阶段企业集中力量进行产品(服务)的研发、产品的试生产(试销),商业模式处于探索期,创业初期的资金需求量不大,但很难获得外部债务融资,融资渠道主要是创业者自筹和引进天使投资。种子期和幼苗生存期融资管理的任务是,争取包括天使投资在内的必要数额权益资本投资,以安全度过生存危机,同时要保持创业者(创业团队)对创业项目的控制权。

第一节 生存是创业初期融资管理的核心任务

一、"活下来"是创业初期的关键

创业是一个艰难的奋斗历程,是件风险极大的事情,基本上都是"九死一生",能安全度过种子期和幼苗期的生存威胁,坚持"活下来"是走向创业成功的前提。

创业难、成功创业更难。从历史和统计数据来看,创业成功是个小概率事件,因为成功是要在一个漫长时间里每一个事件的链条上,不断做出正确的决定才能实现,而失败可能只要在一个事件上做出一个错误的决策就会产生。每年都有成千上万个企业被创立,其中很多企业则在很短的时间内倒闭。有幸生存下来的企业,绝大部分也仅仅取得了微不足道的成绩,部分新创企业所获得的收益刚刚抵得过最初投资额,只有极少数企业能够获得成功。

什么是创业成功? 不同的人有不同的标准。有人把新创企业超过了企业平均存活年限①视为成功,有人把新创企业产生的利润超出投资人的投资视为创业成功,更有人把新创企业能够成功上市或者被收购兼并、创业者和投资者实现了投资"收成"而"功成身退"作为创业成功的标志。但无论创业成功如何界定,成功地活下来、度过种子期和幼苗期的生存危机,应该是创业走向成功的一个大坎。

影响创业成功的因素很多,创业失败的答案却不止一个。一个创意很好的企业可能仅仅因为执行力差或运气不好而垮掉,一个执行力很出色的企业却可能因为创意很差而失败。创业失败的原因,归结起来,不外乎是"人""财""物""产""供""销"六个字。"人"的因素是决定成功的关键,创业者的创意、领导力等个人综合能力,创业团队的执行力和战斗力,人力资源系统和组织管理系统都属于"人"的因素,简单地说,"人"的因素包括创意、执行力和管理力;"财"是公司的血液,只有源源不断的资金供应,创业公司才能留得住人、添置得了设备、生产得了产品、开拓得了市场,而资金链一旦断裂,必然人走业止;"物"是企业的基础,是生产资料,包括厂房、设备、原材料、商品等生产条件和劳动资料,没有了"物",创业也就无所依存;"产"是指产能,即向市场和客户提供商品和服务的能力,充足而有效的产能才是利润的真正源泉,有市场、有客户,产能上不去、产品不能及时生产出来,同样不能占领市场、不能实现利润、不能转化为现实的现金流;"供"是供需链系统,是联结上游供应商、企业和下游客户的通道,供需通道如果畅顺,所需的"物"会实时进入、生产的"物"会迅速被市场吸纳,企业的资金流转加快、运行成本降低、效率会提高,从而实现预期的经济效益;"销"是营销,是市场推广,通过"销"尽快让市场接纳新创企业,尽快占领市场、扩大市场份额,从而实现新创企业的快速成长。

"活下来"是生存期和幼苗期融资管理的核心任务。影响创业失败的因素千差万别,其中,融资问题是一道很难绕过的坎。在创业的生存期和幼苗期,融资管理的核心任务是如何力保新创企业"活下来",让创业者能走得更远。为此,两件事是必须面对的,一是要发现融资机会;二是有效地控制融资风险。

二、发现融资机会

创业者的第一桶金大多是创业者自筹和亲友团的资助,可能还有金融贷款、天使投资、风险投资以及政府补助等②(如表3-1所示)。

---

① 统计资料显示,中国企业的平均存活年限为2.9年。美国的创业公司,一年后40%会死掉,5年后死亡率高达80%,而能够存在10年的公司,仅占4%。
② 有关政府资助,将在第五章中专门介绍。

表 3-1 创业初期资金来源①

融资来源	比例
个人积蓄和亲友投资	88.65%
金融贷款	20.96%
天使投资	9.61%
风险投资	5.68%
政府补贴	3.93%

大学生的创业统计分析也同样说明,资金短缺问题是大学生创业者在准备创业或创业过程中遇到的最大困难。统计资料显示,大学生创业资金的来源,37%是创业者自己的资金,25%是创业团队其他成员的资金,创业者自筹、创业团队成员资金加上创业者家人的资助,加起来约占创业资金的 70%②。

创业者自筹资金是创业初期的主要资金来源,包括利用创业者和创业伙伴的积蓄、信用卡透支、抵押贷款和亲友团资助等。创业者的自筹资金客观上解决了创业初期,特别是种子期和幼苗期的主要资金需要。受制于自筹资金的额度和用资时间的限制,新创公司的财务管理者在种子期和幼苗期的融资管理必须是有效地"发现"融资机会,为初创企业提供源源不断的资金支持。

创业者要发现融资机会,必须做到:

(一)充分认识到融资对初创期的重要性

没有财经专业背景的技术型创业者,往往热衷于产品(服务)和市场(客户),甚至醉心于自己的发明创造和个人爱好。有时候不太重视融资问题,特别是个人小有积蓄和家庭殷实的创业者更是如此,这很容易在自有资金消耗殆尽时陷入财务困境,导致研发、生产和市场推广将难以为继,这类创业活动更多地会夭折在创业初期。可见,创业者必须在创业初期就要充分重视融资的重要性,要了解资本市场的运作规律,熟悉融资渠道、清楚控制融资成本的意义并充分地认识到融资所具有的风险。为此,创业者在创业初期就应当主动接触资本市场、吸收有财经专业背景的创业伙伴或者借助专业机构,由专业人士来处理创业进程中的融资问题。创业者必须清楚地知道,只有在源源不断的资金支持下,自己才能专心从事研发,才有足够的资金购置设备和生产,才能投身于市场推广。

---

① 腾讯研究院:《2017 中国创新创业报告》。
② 中国人民大学:《2017 年中国大学生创业报告》。

(二) 正确认识创业项目的价值

创业者必须对自己的创业项目做到"心中有数"。创业者在进行研发和创新的同时，要时刻关注市场上同类项目或类似项目情况。应当清楚自己所创业的项目在市场上的竞争性项目和替代性项目的市场价值，充分认知创业项目的市场前景和技术发展路线，清楚创业项目所处的阶段，对创业项目的当前市场价值和预期市场价值做到心中有数，只有这样才能在融资活动中把握主动。目前处于什么创业阶段？大概需要多少融资额度？什么样的融资代价是可以接受的？每次融资愿意出让多少权益份额换取必要的股权资本投资？创业者只有对自己的创业项目做到心中有数，才能做到有的放矢、精准融资。

(三) 准确测算融资需求量

创业者需要从外部募集多少资金取决于创业进程各个阶段的资金总体需求与现有现金流量额度，同时要扣除创业者可以自筹的资金额度。

从财务管理的角度来看，用于设备、房屋、运输工具等固定资产的开支属于资本性支出，具有长期性质；而采购材料和零配件、产品制造、人员薪酬、广告推广费用、水电费和管理费用等，是经营性支出，属于短期支出；固定资产等的折旧费用是对固定资产投资的一种回收，属于一项现金流入。

不妨做个假设。如果一个创业者在完成种子期的产品设计后，进入了试销阶段。此时，创业者开始了小批量生产，预计需要购置 5 台生产设备，共 60 万元；租赁厂房和办公场所共计 1.2 万元；构建分销网络（包括网站设计、广告宣传、市场推广等）需要 2.8 万元；预计在试销阶段能够实现 32 万元的营业收入；包括原材料、人工费、水电费等生产成本预计 25 万元；其他人员及管理费用共计 34 万元；预计在试销阶段固定资产的折旧为 23 万元。假如在产品试销阶段创业者能够自筹 20 万元资金，则试销阶段的筹资总额为：

$$筹资需要量 = (60 + 1.2) - (32 - 25 - 2.8 - 34) - 23 = 68(万元)①$$
$$需要对外融资额 = 68 - 20 = 48(万元)$$

(四) 寻找合适的"钱途"

市场的"钱途"很多，不同的"钱途"有不同的属性，风险各不相同，有的不需要偿还，有的则需要到期偿还。同时，不同的"钱途"需要支付不同的成本，有的资金"贵"，有的资金"便宜"；有的融资门槛低，很方便就能获得，有的门槛高，费了九牛二虎之力去折腾，也不一定能到手。

---

① 这一计算过程没有考虑到相关税费的影响。

自筹资金方便快捷。创业者或创业伙伴出资、亲友团的资助,方便快捷,但创业者自筹资金也不是没有代价的,比如动用自己多年的积蓄会不会影响正常个人和家庭生活? 透支个人信用卡会不会陷入还款困境而影响个人信用? 亲友团的资助额度是不是有限的? 创业伙伴的加盟也要让出相应的权益份额,等等。

天使资金往往在创业初期被引进,是新创企业的维持生存的重要依靠。虽然天使资金进入创业初期一般不能获得利润报酬,但绝对不是免费的午餐。大多数天使投资者不会直接干预或过多地干预创业公司的日常经营管理活动,但对产品(服务)的研发与创新、新的市场推广、重大投资和融资活动也会予以关注,部分积极的天使投资者会要求参与公司的决策机构,参与公司重大决策过程。当然,这也是最重要的,天使投资通常都会要求创业者释放出一定的股份作为其出资的对价。

金融类贷款虽然没有股权要求,但需要还本付息。新创公司必须在约定的时间里,按照约定的条件支付利息,贷款到期时要偿还贷款本金。对创业公司来讲,金融类贷款虽然没有对创业者让出股份的要求,但其还本付息的要求却是刚性的,无论创业公司有否盈利,债都是要还的。何况,在创业初期,新创企业藏在"深闺"人未识,风险很难预期,加上初创期的现金流不理想,有的甚至连年亏损,很难获得金融机构的贷款支持。

三、规避融资风险

融资风险是由于融资而产生的风险。融资来源包括股权融资和债务融资,所以融资风险也就包括股权融资风险和债务融资风险。前者是引进诸如天使投资和风险投资等需要释出部分股权带来的控制权减弱甚至控制权丧失的风险;后者是由于债务融资还本付息的刚性压力,有可能出现不能如期或者不能如数还本付息的风险。通常,债务风险相对更直接更常见,所以狭义的融资风险主要是指债务风险,即还债能力缺失而产生的财务风险。

严重的融资风险会导致财务危机,这是危及初创企业生存的重要推手。创业初期的财务危机主要表现为债务危机和控制权危机,债务危机表现为由于支付不能而被债权人接收或被迫破产清算;权益融资时创业者如果让出过多的股份,可能会导致创业者失去对新创企业的控制权,大权旁落,企业被其他投资人所控制,即控制权危机。

(一) 债务融资风险和债务危机

债务融资的特点是偿还性。债务人必须按照约定的时间和条件还本付息,而且是刚性要求,具体表现为到期债务不能如期或如数偿还,将陷入债务困境,严重时会出现资不抵债的情况；此外，在需要借贷款项时，可能会出现债务融资渠道枯竭，告贷无门，资金链断裂，公司将陷入债务危机。

应对债务危机的方式包括积极方式和消极方式两种。积极的应对债务危机的方式包括通过"拆借"以新还旧；积极与债权人沟通，获得债权人的谅解，实现债务重组，如债务展期、豁免全部或部分债务人利息或本金、以非现金资产偿还债务或者将债权人的借款转成对企业的股权投资等，以缓解或减轻企业的还债压力。消极的应对债务危机的方式是等待被债权人接管或破产清算。通常，如果公司的产品和市场前景良好，只是暂时性的资金流缺失，债务人大多选择债务重组或对公司进行接管，待后续公司走向正常经营后，再考虑收回其借贷资金。在公司被债权人接管后，创业者对公司的控制权将被限制或解除，债权人会重新组建公司的决策管理层，负责公司的日常经营活动。另一个消极应对债务危机的方式是让公司进入破产清算程序，此时司法机关会介入，对公司既有的资产和债务进行清理，公司的资产会被变卖，并优先用于偿还公司的债务，剩余的资产才由包括创业者在内的各类投资人来分配。

（二）股权融资风险和控制权危机

在新创公司融资中，由于市场影响和公司的信用尚在建立中，在债权人的眼中，新创公司很难与成熟企业相比，能够获得金融类借款的机会很少，更多的则是引进股权投资人，如创业伙伴、亲友团、天使投资者甚至风险投资者等的股权性投资。与债务融资不同，股权融资通常没有偿还性要求，即新创公司无须偿还投资人的投入公司的资金。但权益投资也不是免费的午餐，创业者在获得权益资本投资的同时，需要释放一定份额的股权，失去一部分对新创公司的控制权。完成权益资本融资后，投资者将与创业者一道共享公司成长的成果，当然，同样也一起共担风险。

控制权危机是新创公司的引进股权投资后，创业者释放出过多的股权而失去了对新创公司的控制权，创业者大权旁落甚至被逐出公司决策层。

积极应对控制权危机的方式是，创业者始终牢牢掌握公司的控制权。创业者通过自己或与一致行动人一起实现对公司的控制，在股权比例上则表现为拥有或控制50%以上的份额，或者在公司章程里对创业者控制权保护的约定，这样创业者就可以在类似董事会的决策机构里实现控制，防止陷入大权旁落的境地。消极的应对策略则不同，创业者并不在意对公司的控制，这可能是由于创业者的性格，也可能是创业者醉心于研发或专业爱好，也有可能是创业者对其创业项目成功的信心不足而甘愿由他人控制等。但不无论是什么原因，其结果是创业者不再能够对所创立的公司实施控制。

第二节 | 创业者自筹资金

一、自筹资金

种子期的资金来源大都是由创业者自筹完成的,这里的创业者是包括创业者和创业伙伴。

创业者的创业动机可能是根据自己的专业与爱好试图实现自我价值,或者迫于生计、改善生活、谋求发展等,当然有的原因不是单一的,而是多种原因的叠加,如既要实现自我价值、同时也要改善生活才进行创业,表 3-2 是有关创业动因的统计数据[①]。

表 3-2 创业动因

创业动因	比例
实现自我价值	86.46%
增加收入、改善生活	54.59%
紧随社会发展趋势	30.13%
积累经验	23.14%
就业	8.73%

种子期一般是只有创业的雏形,其产品、市场和商业模式均未正式形成,所以在种子期的资金需求一般都不大,创业者自己和创业伙伴的出资在一定程度上能够满足其资金需要。

创业者自筹资金方式多种多样,比较常见的有:

(一)创业者的个人和家庭积蓄资金

创业者用于创业的第一桶金大多是个人和家庭的积蓄,这部分资金可以完全由创业者支配,在创业的种子期是首先被取用的资金。

用个人和家庭积蓄来创业,会被两个因素所掣肘。一是可用的资金额度有限,二是可能会在一定程度上影响个人和家庭生活,有的创业者利用积蓄资金创业,在创业失败后可能会一贫如洗,此时的创业,已回头无岸。

从财务的角度,创业者应当预先留出生活所需的资金,只将富余的部分用于创业,毕竟创业只是锦上添花的事,无论创业成功与否,生活还要继续。

---

① 腾讯研究院:《2017 中国创新创业报告》。

（二）创业伙伴的资金

凭借一个人的力量是很难成功创业的，创业伙伴不仅可以在专业技术、经营管理方面对创业者能够提供巨大的支持，而且会带来创业所需的资金，所以对成功创业至关重要。

创业者引进创业伙伴时除了关注其带来的创业资金外，还必须关注以下几个方面的问题：

（1）要熟知创业伙伴的人品。创业伙伴与创业者的价值观要基本一致，创业目标以及长、中、短期的目标都要达成统一；创业伙伴与创业者能够荣辱与共、共同进退；创业者特别是创业伙伴一定要明确自己的站位，能够互相补台，做到不越位、不占位；在性格上互补、互谅。这样才能一起走得稳、走得远。

（2）创业伙伴在专业背景、管理能力及人际关系等方面要与创业者形成互补，能够在创业进程中互相支撑。在业务上是互补的，在技术、市场、运营等环节能独当一面；在处事风格方面也要互补，创业团队作为整体应当是实干型、智慧型的结合体。

（3）明确新创公司的控制权归属。创业者必须在引进创业伙伴之初就要与创业伙伴约定创业项目的控制权问题，包括后续引进天使投资人、风险投资者以及其他战略投资者时的股权释放原则，以防止在今后的创业之路上新生变故、互相掣肘。

（三）创业者及创业伙伴利用信用卡额度的透支资金

信用卡是发卡机构（银行或信用卡公司）对信用合格的消费者发行的信用证明。持有信用卡的消费者可以到特约商业服务部门购物或消费，再由银行同商户和持卡人进行结算。发卡机构会根据申请人的职业和信用等情况允许持卡人在规定额度内透支，具体额度取决于个人的信用记录、财产与收入水平、技术职称与工作单位、学历、婚姻状况等，信用卡是先消费后偿还。信用卡透支的实质是利用个人信用的短期贷款，期限一般在一个月以内。

创业者可以利用信用卡的透支功能来解决短期小额创业资金需要，但要特别注意还款期限，避免出现逾期，要确保按时还款，信用卡的透支存在很高的风险。一是还款期限短、随用随还，信用卡是救急不救穷，防止出现"恶意透支"。发生"恶意透支"的，不仅要偿还透支本金，还要支付手续费、滞纳金、复利等费用，严重的恶意透支，会触犯《刑法》①，将有牢狱之灾。二是避免出现失信，如果到期的金额没

---

① 《刑法》第一百九十六条对包括恶意透支在内的违法使用信用卡称作信用卡诈骗活动，"数额较大的，处五年以下有期徒刑或者拘役，并处二万元以上二十万元以下罚金；数额巨大或者有其他严重情节的，处五年以上十年以下有期徒刑，并处五万元以上五十万元以下罚金；数额特别巨大或者有其他特别严重情节的，处十年以上有期徒刑或者无期徒刑，并处五万元以上五十万元以下罚金或者没收财产"，其中，恶意透支的本金在5 000元到5万元属于数额较大，5万元到20万元属于数额巨大，超过20万元就是数额特别巨大。

有如期偿还,将会影响到个人信用。根据中国人民银行的《征信业管理条例》,个人不良信用记录将保存 5 年,不良的信用记录会影响到今后的银行贷款,在金融领域将"寸步难行",甚至会进一步影响个人消费、出国、子女升学等事项。

（四）民间贷款[①]

根据最高人民法院的解释,民间贷款是指除了向经金融监管部门批准设立的从事贷款业务的金融机构及其分支机构以外的借贷行为,是自然人、法人和非法人组织之间进行资金融通的行为。创业融资的民间贷款主要包括向小额贷款公司的贷款、P2P 网络借款以及其他向个人和企业的贷款。

1. 小额贷款公司的贷款

向小额贷款公司申请创业所需的资金,是创业初期可以考虑的一个融资方式。

向小贷公司贷款属于相对规范的民间借贷业务。小贷公司的资金来源主要是股东的出资,少部分(不超过股东出资总额的 50%)来自商业银行的贷款。小贷公司的贷款具有"小额、分散"的特点,通常其利率会高于商业银行的利率,但不得超过司法规定的上限。由于小贷公司的业务受到金融监管部门的监督管理,部分小额贷款公司依法合规经营,没有不良信用记录,在股东自愿的基础上,按照《村镇银行组建审批指引》和《村镇银行管理暂行规定》,改造成了村镇银行。可见小贷公司比起其他民间借贷更加规范。

小额贷款额度较小、门槛低,贷款手续简单、更为便捷,能够快速满足申请人的小额资金需求,与商业银行相比,创业者更容易从小额贷款公司获得创业贷款的支持。

小贷公司的贷款属于债务融资,创业者必须关注还款期限,到期在还本付息。另外,小额贷款的利率一般都比较高,部分小贷公司对到期贷款采取暴力等不规范催收行为,所以创业者要注意尽量选择规模大、知名度高、信誉好的小额贷款公司,并且控制好自己能承受的贷款利率。

2. 创业者及创业伙伴的 P2P 融资

P2P(peer-to-peer)是点对点(个人对个人或伙伴对伙伴)的网络借款。P2P 将小额资金聚集起来借贷给有资金需求人群,属于民间小额借贷模式。

<hr/>

① 根据 2020 年 8 月 20 日,最高人民法院发布新修订的《关于审理民间借贷案件适用法律若干问题的规定》的第二十六条,出借人请求借款人按照合同约定利率支付利息的,人民法院应予支持,但是双方约定的利率超过合同成立时一年期贷款市场报价利率四倍的除外("一年期贷款市场报价利率",是指中国人民银行授权全国银行间同业拆借中心自 2019 年 8 月 20 日起每月发布的一年期贷款市场报价利率。以 2020 年 8 月 20 日的一年期贷款市场报价利率为例,人民法院支持的民间借贷最高利率为 15.4%),超过这一标准的,应界定为高利贷行为。

P2P由网络信贷公司(第三方公司、网站)作为中介平台,借助互联网、移动互联网技术提供信息发布和交易实现的网络平台,把借、贷双方对接起来实现各自的借贷需求。借款人在平台发放借款标的,投资者进行竞标向借款人放贷,由借贷双方自由竞价,平台撮合成交,在借贷过程中,资料与资金、合同、手续等全部通过网络实现。它是随着互联网的发展和民间借贷的兴起而发展起来的一种新的金融模式,也是未来金融服务的发展趋势。

创业者通过P2P方式获得网络贷款,必须正视相关风险。市场上的网贷平台鱼龙混杂,应当优先选择大型金融机构和电商公司下属的网贷平台获取创业贷款,远离不法平台,防范债务风险①。

(五) 创业者及创业伙伴的典当、抵押贷款或担保贷款

1. 典当

典当是一项古老的抵押贷款行业,堪称现代金融业的鼻祖,又称"当铺"或"押店",以收取物品作抵押,是古代发放高利贷的金融机构。创业者对于临时性资金需要,可以以自有贵重物品为典当品获得一定数额的款项。

2. 抵押贷款

抵押贷款可能是创业者在发生大额资金需求时不得不采用的商业贷款方式。抵押贷款,是商业银行采用的一种贷款方式,要求借款方提供一定的抵押品作为贷款的担保,以保证贷款的到期偿还。抵押品一般为易于保存,不易损耗,容易变卖的物品,如有价证券、票据、股票、房地产等。贷款期满后,如果借款方不按期偿还贷款,放款银行有权将抵押品拍卖,用拍卖所得款偿还贷款,拍卖款清偿贷款的余额归还借款人,如果拍卖款不足以清偿贷款,由借款人继续清偿。很多创业者在创业项目的市场前景看好、资金需要凸显、其他"钱途"无望时会决然以自有房产等资产作为抵押,向银行获得贷款。

3. 担保贷款

担保贷款是创业者另一种可利用的金融性贷款方式。担保贷款是由有贷款银

---

① "e租宝"案。"e租宝"是金易融(北京)网络科技有限公司运营的网络平台。2014年7月,命名为"e租宝",以"网络金融"的旗号上线运营。"1元起投,随时赎回,高收益低风险。"这是"e租宝"广为宣传的口号。"e租宝"产品的预期年化收益率在9%至14.6%之间,远高于一般银行理财产品的收益率。拿10万块钱为例,在银行放一年才赚2 000多块钱;放在'e租宝'的话,它承诺的利率是14.6%,放一年就能赚14 000多元钱。"e租宝"对外宣称,其经营模式是由集团下属的融资租赁公司与项目公司签订协议,然后在"e租宝"平台上以债权转让的形式发标融资;融到资金后,项目公司向租赁公司支付租金,租赁公司则向投资人支付收益和本金。然而"e租宝"从一开始就是一场"空手套白狼"的骗局,其所谓的融资租赁项目根本名不副实。其中大部分集资款被用于返还集资本息、收购线下销售公司等平台运营支出,或用于违法犯罪活动被挥霍,造成大部分集资款损失,2017年9月12日,"e租宝案"26人集资诈骗获刑,主犯被判无期,罚1亿元。

行认可的第三方提供承担连带责任的保证（保证人是法人的，必须具有代为偿还全部贷款本息的能力，且在银行开立有存款账户。保证人为自然人的，必须有固定经济来源，具有足够代偿能力，并且在贷款银行存有一定数额的保证金）而给贷款人发放的贷款。在担保贷款中，保证人需要与放款银行以书面形式订立保证合同。创业者可以利用人脉关系，动用亲友、供应商、客户及其他合作伙伴的担保资源获得担保贷款，以解创业过程中的燃眉之急。

二、亲友团的资助

绝大多数成功的创业者都离不开亲友的支持，亲友的资助是创业者通往成功途中的一盏明灯。

亲友团是一个宽泛的概念，包括家人、亲人、朋友、同学、同事、战友甚至是网友等。创业者与亲友团成员之间，彼此都相当了解、非常熟悉。与向陌生人融资不同，亲友团之间不需要大费周章地进行信用调查和尽职调查，借款的手续简单、直接、便捷。

亲友团的资助不仅仅是精神上的，更多的是物质上的。创业者利用亲友团资助的房产搞试验、开门面，利用亲友团的设备和原材料进行研发和产品的试生产，利用亲友团筹集的资金来采购、支付费用，有的甚至可以利用亲友团现成的生产条件、供应商资源、营销渠道和人脉关系进行自主创业。

创业者要充分打好亲情牌。创业者应多向亲友团介绍自己的项目，诚实地告知亲友团创业项目的市场前景与创业风险，争取获得亲人、朋友们的理解和支持。亲友团的资助大多是无私的，多为亲情借款。也有部分亲友团成员通过出资获得部分股权，甚至可能会进入创业团队，与创业者一起在创业过程中打拼。

第三节 | 用好天使投资

一、天使投资的特点

天使投资是一种权益资本投资，是对具有巨大发展潜力的初创企业进行早期直接投资，属于广义的风险投资，天使投资与通常意义上的风险投资有显著的区别。

（一）天使投资者更多的是自由投资者

不同于风险投资的专业投资团队，天使投资者大多是自由投资人。天使投资人有的是曾经创业的成功人士，有的是高净值人士，还有的可能曾经是大型公司的高管。这些投资人都具有相同的特点,一是有相当数额的个人财富,二是在某些投资领域或专业方面相当熟悉,有着丰富的投资管理经验。

天使投资者一般都是单兵独立作战。虽然有时候也有联合投资,但天使投资者更倾向于独立投资,这有可能是由于天使投资者多半是一些创业成功企业家转型而来的,一般都有过创业和管理的成功经历。他们给创业者的不仅仅是资金支持,更多的是管理经验、人脉资源以及对产品和市场的敏锐理解、商业意识等方面的支援,所以天使投资很多都有创业和创新情节,更愿意从种子期和幼苗期来扶植和培养创业者。除了有投资收益的诉求外,有时还好为人师,愿意去分享自己的成功经验,成为创业者的"天使"或导师。

(二) 天使投资是创业初期的主要风险投资者

与通常意义上的风险投资不同,天使投资是风险投资的先锋队。当创业设想还停留在创业者的笔记本上或脑海中时,风险投资很难眷顾它们。此时,一些个体投资人如同双肩插上翅膀的天使,飞来飞去为这些新创企业"接生"。如果将创业者们比作一个学生群体,风险投资公司是着眼于大学生,机构投资者则青睐中学生,而天使投资者则是培育萌芽阶段的小学生或者幼儿园的孩子,天使投资如同创业婴儿期的"奶粉"一样,从小开始教化与培养,看好的是创业项目的未来成长潜力。

(三) 天使投资能够提供包括资金和资金以外的创业支持

作为投资者,天使投资需要提供创业所需的资金,但天使投资不仅仅是创业者的财神,更是保姆、教练和军师。

天使投资注重对创业者的培养,看重的是创业者的个人潜力和创业项目的未来价值。天使投资对创业项目的审查不像风险投资那么严格,更多的是基于天使投资人的主观判断或喜好,手续简便。只要确认过眼神,资金会迅速到位。

天使投资者是创业者的护航者,有时也是领航员。天使投资在向创业者提供资金的同时,还是创业者的早期保姆,对于那些除了精通技术,对市场、经营、财务几乎一窍不通的创业者,天使投资就会花费很多心血,就像悉心培养自己的孩子一样,和她讨论很多细节,有时候会手把手地教,帮助她长大。当新创企业发展到一定时期,需要更多创业资金时,天使投资者会利用自己的人脉关系,帮助创业者找到风险投资和战略投资,以助力新创企业的快速成长,真正是"扶上马、送一程"。

(四) 天使投资的额度一般都不大

一方面,天使投资人是利用个人财富进行的投资,所以能投资的总额有限;另一方面,天使投资人在创业项目早期投资,创业者需要的资金数额也不多。在我国,天使投资的投资额相对都较少,每笔天使投资额约为 10 万元到 500 万元。

二、寻找天使投资

新创公司如何寻找天使投资? 大多数创业者都从身边寻找天使投资人,潜在的天使投资人可能就是身边的前辈、也可能是业务伙伴。另外,名目繁多的论坛、推介会、网络平台都是天使投资的藏身之所。创业者在寻找天使投资者,天使投资者也要寻找合适的创业者。

(一) 准备一份高质量的商业计划书

商业计划书是提交给潜在投资人的创业项目推介报告,一般包括下列内容:

1. 摘要

商业计划书的最前面是摘要,浓缩了的商业计划书的精华,要求简单明了、生动形象、重点突出,便于读者在最短的时间内进行评审和判断。

2. 产品(服务)介绍

重点介绍产品(服务)的性能和特点以及预期的市场前景,介绍要准确、通俗易懂。

3. 人员及组织结构

有战斗力的创业队伍直接决定了新创公司的管理水平。创业团队成员在专业上应当互补,具有合作精神。

4. 市场与营销

商业计划书中必须对产品(服务)的市场前景、目标客户进行分析和预测,对营销策略进行科学的规划,要充分说明市场上已有的竞争性产品(服务)和替代性产品(服务)的情况。

5. 制造计划

生产制造计划应包括以下内容:现有生产和技术准备、新产品投产计划、制造成本控制、技术提升和设备更新的要求、质量控制和质量改进计划等。

6. 财务规划

财务规划包括预期财务报表、预期投资回报率、投资和融资安排、股权结构设计等。

一份高质量的商业书是获得天使投资人青睐的重要因素,但创业者必须清楚的是,商业计划书的数据和预测都必须是合理的,虚假不实的内容将会被天使投资人所唾弃。要知道天使投资者大多是"过来人",很多都是曾经成功的创业者,有的则是同行业的前辈,绝大多数天使投资者都有着丰富的市场和管理经验,瞒天过海的商业计划书很难逃掉天使投资人的"法眼"。客观、可信是评价商业计划书质量高低最重要的标准。

(二) 多方位寻找天使投资者

天使投资者一般都属于"个体经营",创业者可以关注身边熟悉的朋友圈。供应商、客户等商业伙伴,同学、同事、战友等,那些高净值人士和成功人士都可能是你的"天使"。也可以通过天使投资的论坛、沙龙、项目推介会等形式寻找天使投资者,在网络资源无处不在的今天,在财经网、投资网上也很容易找到你需要的天使投资者。

(三) 寻找资质好的天使投资

不是能够出资的投资者都是理想的天使投资,对于创业者来说,创业初期从设计、研发到产品和市场推广,都在试水摸索阶段,不仅要借助天使投资的资金,还希望获得天使投资者过往经验和人脉关系的助力。所以有资质的天使投资者应该是能够在诸如技术、产品、市场、客户、管理等某一方面或者几个方面能为创业者提供帮助的投资者。

三、释放合理的权益股份

天使投资属于权益投资,创业者在引入天使投资时,需要向天使投资者让出相应的股权份额。

确定从天使投资者处融得多少权益资本,并释放多少股份,是创业者引入天使投资必须认真考虑的问题。接受天使投资者的投资越多,意味着需要让出更多的权益份额,公司的控制权将被稀释,创业者对新创公司的控制力将减弱。特别是在整个创业进程中,天使投资只是早期的权益资本提供者,后续还有可能进一步引入多轮次风险投资和其他战略投资者,而每一轮风险投资的引入都需要释放一定比例的股权。保持控制权的适度融资,是创业者在全部创业之路上必须深入把控的问题,也是新创公司财务管理者们必须认真研究和把握的问题。

创业者向天使投资者出让多少股权,是双方博弈和谈判的结果。有两个原则必须坚持:一是创业者要守住底线,即在若干轮次融资后,直至最后 IPO、收购兼并等的收成期,创业者应当持有多少股份,新创公司的财务管理者必须为创业者应当事先设定好这条红线。通常情况下,向天使投资者出让的股份应当在 10%～15% 之间,最多不能超过 30%。二是每次融资要适度,不要贪多,够用就行,通常以 12 个月为限,满足 12 个月成长的外部资金需要量为每轮次融资的上限,如本书第二章所分析的,对预期成功的创业项目,时间永远站在创业者一边,随着创业进程的延续,预期成功的目标会越来越近,投资风险会越来越小,融资成本也会越来越低,同样的融资额,越往后期进入公司,创业者所需释放的股权份额会越少。

四、获得天使投资的关键

创业初期获得天使投资的青睐,除了前述的一份"漂亮的"商业计划书外,创业项目本身的投资价值和创业者的个人品质是最关键的因素。

(一) 创业项目的投资价值

(1) 创业项目的投资价值,不仅仅在于本身的技术先进性。创业者很容易陷入的一个误区是,技术越先进的项目越有前景,投资价值越高。事实情况是,一味地追求技术先进性,一方面会增加产品的成本,从而压缩了产品的盈利空间;另一方面则会增加客户的使用成本,这里的使用成本包括需要用户掌握更高的技能和需要花费更多的精力去掌握复杂的操作程序,从而影响了客户的使用体验。

Boo.com 是欧洲第一家全球性的电子零售商务公司,该公司利用互联网为客户订制高档服装,同时在 18 个国家成立网站,公司推出了非常复杂的网络服务——使用 3D 影像让顾客在网上试穿衣服,并设计了 7 种语言接受顾客订购。由于其网络服务过于复杂,顾客只能在最新最快的个人电脑才能上网浏览和订货,最后在创办半年后,该公司就宣告破产。

(2) 创业项目的投资价值是其商业价值。创业不等于创新,创新也不等于创造商业价值。一个有价值的创业项目必须是一个自供应商到产品(服务)直至客户(用户)的整个链条上各方利益的平衡,任何一个环节的利益分配不均,链条都可能会断裂,不注重此时此地投资价值的创业项目都没有投资价值。可见,创业项目的不缺位、不越位,是甄别其投资价值的重要标准。

创业项目的不缺位是指创业项目在技术上是可行的,同时能够为客户带来价值。创业项目在技术上首先是领先的,代表了行业发展的趋势。绝大部分创业成功的都是新技术的跟风者,能够把新技术成功地转化为商业价值。创业不是自娱自乐,而是通过实现客户的价值而实现自我价值的过程。客户在创业活动的供需链条中的地位至关重要,客户才是创业活动的价值创造者,所以创业产品(服务)必须着眼于客户的体验,能够让更多的客户愿意投入更多的精力体验产品(服务),才是创业项目的真正价值所在。

创业项目的不越位是指创业项目在技术上没有必要太过靠前,在商业模式上是可行的。俗话说,长江后浪推前浪、前浪死在沙滩上,第一个吃螃蟹且能安然无恙的有几个? 创业者往往容易在创业中出现越位的情况,技术的发展是永无止境的,市场的竞争也是不断变化的,创业者需要在一个合适的时间、选择合适的技术、以合适的客户为对象进行创业。阿里巴巴通过搭建支付宝平台,解决了市场交易中交易双方的互相信任问题,实现交易顺畅;腾讯则是顺应了人们的交流和展示自我的需求。这些成功的创业项目,都是从用户的基本需求出发,最终成就自己的伟大。创业者在时机未成熟、商机未明朗之时,首先需要有清晰的盈利模式,先让自己"活下来",在所属的行业里立住脚跟,再寻求商机去突破。

(二)创业者的个人品质

创业者的个人品质是创业能否成功的决定性因素。这首先是由于创业者的人品能够对创业团队的影响,调动创业团队的激情,引领新创公司不断前行。更重要的是,创业者的人品是合作伙伴和外部投资人所看重的。在新创公司不为外界熟知的情况下,合作伙伴和外部投资人更看重创业者的个人品质,有无创业干事的激情、有无承担责任的勇气、有无诚实守信的品行等等,都是合作方愿意合作、外部投资人愿意解囊相助的依据。可见,创业者除了在个人的道德人品、智商情商、身体精力、社交人脉等方面的要求外,强烈的自信心、坚强的毅力、良好的团队精神是成功创业所必需的。

1. 强烈的自信心

创业者对创业项目具有强烈的自信心,能感染到投资者,会直接增强投资者对创业项目的信心。如果创业者对自己创业项目能否成功都不自信,怎能拉来投资人的投资?被尊为"风投教父"的赛富亚洲投资基金合伙人阎焱,在北京大学的一次演讲中介绍对阿里巴巴投资时说,"阿里当时都发不出工资了,马云讲得唾沫横飞,说有一天会让世上没有难做的生意。马云讲话有这么个特点,他忽悠别人的东西,他自己首先就坚信,而且日后真能变成现实。很多企业家在上面演说的时候是一样,下来又是一样,自己讲的东西都不信。"

2. 坚强的毅力

创业是一个艰苦磨难的历程。每年都有大量的人投入创业潮,但能够坚持下来并且获得成功的人寥寥无几。创业的失败率非常高,不是喊口号就可以的,一旦投入创业,你的精力、你的投资将不可逆转,从此就是考验你毅力的时候,伴随着你的会是焦虑、煎熬的不眠之夜,你的生活方式会被彻底改变,因为世界上根本就没有免费的午餐!

创业也是一个自我修行的历程。在这个"自拍和自拍杆"的年代,人们更多的是在关注着自己,更多的是自我迷恋,往往会忽略他人的存在,君不见,即使是老同学的聚会,更多的是都在低头看手机吗?选择了创业,就选择了孤独,创业者注定耐得住寂寞、经得起磨难。在很多创业进程的关键节点,面对那些生死攸关的决策都需要创业者独自做出、勇敢担当,家人和朋友都可能很难帮到你,那时候你只有自己,孤零零一个人做出选择。

3. 良好的团队精神

创业者既要有领导力,组织创业团队共同创业,更重要的是,必须有分享精神。既要能与创业团队成员一起共同面对困难,更应与团队成员一起分享创业成果。

在漫长的创业过程中,创业者需要多次出让股份以换取后续投资者的投资,每一次股权出让都是控制权的一次稀释。但创业者首先需要注意的是自己的创业团队,只有合理地向创业团队成员分配相应的股权,才能真正凝聚团队成员的创业激情,才能让团队成员的利益紧紧地绑在创业公司的战车上,才能让团队的成员同舟共济。

一个不愿意将创业项目的股权与自己一起创业的团队成员共同分享的创业者,怎么可能获得天使投资者的青睐?

第四节 | 股权众筹与网络银行融资

一、网络众筹

众筹的原义是向公众筹集资金。有时候也称作大众筹资或群众筹资。它是指向群众募资,以支持发起的个人或组织从事各种活动[①],如灾害重建、竞选活动、创业募资、艺术创作、设计发明等。在互联网高度发达的今天,众筹更多的是通过网络平台实现的,称网络众筹。

网络众筹包括股权众筹、债权众筹和公益众筹等具体形式。股权众筹是众筹的一种主要形式,即通过互联网平台向社会大众筹集权益资本,所以又被称为私募股权互联网化。债权众筹是通过网络筹集债务资金,这其实就是前边讨论的 P2P 模式。而最早的众筹形式多为公益性质,社会公众通过出资(单个出资的额度很少)支持一些公益项目,此时的出资者多出于个人的善举,不求回报,更多的是满足个人精神层面的需求。

按照众筹的运作形式,只有在筹资额达到预期的目标时,项目才会正式启动,换句话说,如果未完成预期的筹资额,所筹集的资金一般会返还给出资大众。

---

① 众筹最早可追溯至 18 世纪,当时很多文艺作品都是依靠"订购"(subscription)的方法完成的。莫扎特、贝多芬等在艺术创作之前有时候会采取这种方式来筹集资金。先去找订购者,这些订购者给他们提供资金,当作品完成时,订购者会获得一本写有他们名字的书,或是协奏曲的乐谱副本,或者可以成为音乐会的首批听众。

二、网络众筹的特点

(一) 融资门槛低

网络众筹是通过互联网平台向社会公众筹集资金的方式。鉴于互联网的开放性特征,投资人和创业者都不受地区、年龄、职业、经历等等的限制,投资人(社会大众)和筹资人(创业者)参与股权众筹的门槛都很低。作为社会公众的出资,众筹的每一份出资额都不大,一般都能出得起这笔资金;对于创业者来说,如果其创意、想法或者产品容易被社会大众接受,基本不需要进行尽职调查等严格的投资前审核就可以发起众筹。

(二) 融资成本低

与其他股权融资相比,股权众筹一般不需要花费大量精力去寻找天使投资和风险投资,也不需要耗时耗力地接受天使投资或风险投资的严格审查,更不需要花费大量精力去与天使投资和风险投资进行艰苦的谈判,所以网络股权众筹就没有传统股权投资那么高的隐性成本。

通过互联网发起众筹,会带来其他方面的好处。如将项目晒在网上,增加了项目的曝光率,让社会公众都能够了解这个项目,这本身就是一个市场推广,会迅速汇集第一批产品(服务)的体验者和用户。而且,也可以随时接收到专业人士对产品(服务)的改进建议,从而提升产品(服务)的市场价值。

(三) 保持控制权

由于在网络上的出资者零星分散、人数众多,所以通过网络实现的股权众筹,其股权会非常分散,网络上的社会公众股东一般很难抱团形成影响甚至威胁到创业者对创业项目控制权,这就有利于创业者对控制权的掌握,从而有利于创业者集中精力从事创业活动,不需要花费过多的精力去协调股东的关系。

三、股权众筹与非法集资

非法集资是一项违法行为,也是金融领域被禁止的事项,创业者通过网络进行股权众筹,切记不要搞成非法集资,为此必须做到:

(一) 必须通过正规的网络股权众筹平台进行众筹

要选择大型正规的网络平台发起众筹。虽然互联网上有很多从事网络众筹的平台,但这些平台鱼龙混杂,有没有获得监管部门的许可、网民的覆盖面多大、平台的管理水平和收费标准等等,都是需要事先做到心中有数,不可盲目行事。

（二）必须按照网络众筹的规则进行网络众筹融资

1. 众筹项目不能承诺回报

非法集资通常都是以承诺一定期限还本付息为标准，且承诺的利息往往远高于银行的利息。而股权众筹则是创业投资资金的筹集，不可能产生固定的回报，所以也不能在发起众筹时对回报做出承诺。股权众筹是一种权益融资，出资者既享受股东的权利也承担了股东的义务，投资风险是股权投资的最主要特征。

2. 众筹资金必须用于实体项目

网络股权众筹的资本是投向一个创业的实体项目，而不是用于发放贷款等货币资本经营业务，而非法集资多用于放贷，被认定为扰乱金融秩序。

3. 不要做虚假的广告宣传

股权众筹网站不能采用广告、公开劝诱和变相公开发行等方式进行项目的推介，创业者更应该据实对创业项目对公众进行全面介绍，尤其不能回避对创业项目存在的风险进行说明。

（三）必须随时接受监管部门的检查与监督

公开、透明、阳光，是网络股权众筹必须做到的要求，创业者及创业项目的信息应当随时可查，创业者与投资人之间要能够随时保持沟通与联系。

在采用"领投＋跟投"①的方式时，领投人在受到跟投人委托尽职尽责调查的情况下，创业者要全方位配合，在不涉及商业机密的情况下，创业者要对领投人做到信息公开、透明。

创业者的众筹活动及创业项目应当主动接受监管部门的监督与检查。

四、网络银行融资

网络银行，指的是利用互联网技术，通过互联网向客户提供金融服务的银行。网络银行有两种模式，一是依赖互联网的全新电子银行（虚拟银行）；二是传统实体银行开展的互联网服务。由于网络银行不受时间、空间、地点的限制，可以在更多的时间、地点和方式为客户提供金融服务，其经营成本低，服务更快捷、更高效。

近年来，由互联网巨头牵头发起成立的电子银行发展势头迅猛，目前这类银行主要有微众银行（腾讯牵头发起设立的银行，也是国内首家互联网银行）、网商银行（蚂蚁金服带头创建）、苏宁银行（由苏宁云商等多家企业共同创建）、新网银行（由

---

① 京东股权众筹平台采取的是"领投＋跟投"模式，即在众筹过程中由一位经验丰富的专业投资人作为"领投人"，众多跟投人选择跟投，在这种模式下，领投人会起到代表其他投资人对创业项目进行监督的作用。

小米、新希望集团、红旗连锁等股东设立)、众邦银行(由卓尔控股、壹网通科技、奥山投资等公司创建)等。

这些互联网银行主要服务于小微企业,对创业者和新创企业很有吸引力。传统的实体银行一般都嫌贫爱富,加上小微企业的融资需求额度小、时间急、期限短、频率高,财务管理不够规范,如无足够的抵押物或担保,造成了传统实体银行对小微企业的融资需求鲜有回应,甚至不闻不问,而新型互联网银行不同,除了传统银行眼里的厂房、机器设备和商品等实体资产,还将交易和结算数据直接转化为客户信用,用客户在互联网上的经营数据去判定小微企业的资质与信用水平,据此为小微企业提供贷款。

以蚂蚁金服旗下的网商银行为例,其贷款手续极为简便,直接在支付宝上完成,支付宝的芝麻分在 600 分以上就能开通。借呗作为支付宝小额贷款的重头产品,无抵押、无担保,借呗的贷款流程以及放款过程花费还不到一分钟,十分便捷。目前最高额度为 30 万元,日利率 0.02%～0.05%,最长贷款期限 12 个月,随用随借,可提前还款。蚂蚁微贷尽管使用方便,但也要按时还清所借的钱。2015 年 7月,启动"大学生回乡回村创业扶持计划",第一笔互联网纯信用贷款于在浙江桐庐完成发放;2015 年 8 月,网商银行联手中文流量统计网站 CNZZ 面向中小创业网站推出流量贷。根据网商银行发布 2019 年年报,截至 2019 年年末,网商银行已累计服务小微企业和个人经营者 2 087万户。

扩展阅读

天使投资对创业初期的企业至关重要

资料 1 3 年回报 2 200 倍的苹果,堪称传奇的天使投资案例

1976 年 1 月,还在惠普工作的史蒂夫·沃兹尼克得意洋洋地拿出了自己研发出的计算机主板。尽管他很努力向惠普公司推荐该产品,公司却说,这不是此时公司要开发的产品。于是他的好哥们儿史蒂夫·乔布斯说:"嘿,咱们为什么不自己来卖它。"这就诞生了苹果公司。

公司启动所需的钱来自两位创始人。沃兹尼克卖掉了他心爱的 HP-65 可编程计算器,价格是 500 美元;乔布斯卖掉了他的大众汽车,本来说好的价格是 1 000美元,可是几个星期后汽车发动机坏掉了,因此只卖了 500 美元。

不过幸运的是苹果公司可以依靠出售产品来获取资金,而且乔布斯很快就找到了买主。全美第一家计算机零售连锁店字节商店(ByteShops)决定以每台 500美元的价格购买 50 个苹果电路板。

当然,对于新创公司而言,钱还是个问题,除非乔布斯愿意一辈子挨家挨户推销他的电脑。于是乔布斯去找了一个风险投资家。

此人名叫唐·瓦伦丁,今日看来可谓大名鼎鼎,他曾经在仙童半导体和国家半导体公司做过管理层,后来创建了红杉资本。

乔布斯一天好几个电话的纠缠,使瓦伦丁不堪其扰,于是他说,小伙子,我投资没问题,但你得先找个市场营销方面的专家,"你们两人谁都不懂市场,对未来的市场规模也没有一个明确的概念,这样无法开拓更开阔的市场。"

瓦伦丁推荐的人是迈克·马库拉,马库拉曾经投资过英特尔,因此成名和发家。

迈克·马库拉一下子就喜欢上了苹果,他不但加入了苹果(1977),还成为公司初期的投资人,不仅自己投入9.2万美元,还筹集到69万美元,外加由他担保从银行得到的25万美元贷款,总额100万美元。他相信这家公司会在5年内跻身世界500强。

1979年夏天,苹果公司再次融资,此次参与投资的全都是全球最大的风险投资机构和商业银行,如施乐公司的投资部施乐发展公司投了105万美元。这是上市之前的最后一次融资。

1980年12月12日苹果公司上市,每股发行价14美元,当天以22美元开盘,几分钟内460万股被抢购一空,当日收盘价29美元。乔布斯当日身家达到2.17亿美元,那年他24岁。迈克·马库拉身家则达到2.03亿美元(9.2万美元的天使投资增值了2 200倍!)。

1983年5月,苹果公司以排名411位进入财富500强,从成立到成为500强,苹果用了7年时间,比马库拉估计的稍长了一些。

史蒂夫·乔布斯和史蒂夫·沃兹尼克拥有了一个伟大的概念——个人电脑,但令苹果电脑成功的,却是迈克·马库拉的9.2万美元。

（资料来源：百家号网 https://baijiahao.baidu.com/s? id = 1567636982227693&wfr = spider&for = pc.)

资料2　罗振宇用众筹模式改变了媒体形态

2013年最瞩目的自媒体事件,也似乎在证明众筹模式在内容生产和社群运营方面的潜力。《罗辑思维》发布了两次"史上最无理"的付费会员制:普通会员,会费200元;铁杆会员,会费1 200元。买会员不保证任何权益,却筹集到了近千万会费。爱就供养,不爱就观望,大家愿意众筹养活一个自己喜欢的自媒体节目,而《罗辑思维》的选题,是专业的内容运营团队和热心罗粉共同确定,用的是"知识众筹"。主讲人罗振宇说过,自己读书再多,积累毕竟有限,需要找来自不同领域的牛人一起玩。众筹参与者名曰"知识助理",为《罗辑思维》每周五的视频节目策划选题,由老罗来白活。一名来自人民大学的叫李源的同学因为对历史研究极透,老罗在视频中多次提及,也小火一把。要知道,目前《罗辑思维》微信粉丝 150 余万人次,每期视频点击量均过百万次。

罗振宇以前是央视制片人,正是想摆脱传统媒体的层层审批和言论封闭而离开电视台,做起来自己的自媒体。靠粉丝为他众筹来养活自己,并且过得非常不错。这是自媒体人给传统媒体人的一次警示。

(资料来源:https://wenku.baidu.com/view/a1b06e120640be1e650e52ea551810a6f524c893.html.)

资料 3　聚咖啡的倒闭并不是众筹咖啡馆失败的个案

2013 年夏天,三个"90 后"在浙江在线——《今日早报》发出"征 50 个人合开一家咖啡店"的集结令。引来叫好声的同时,也引发质疑:这样的咖啡店能开起来吗? 开起来后又能生存多久? 9 个月后,聚集着 110 名股东和外界好奇目光的杭州首家众筹咖啡馆"聚咖啡"在黄龙商圈开张,回答了第一个问题。运营一年半后,第二个问题也有了答案。记者探访发现,"聚咖啡"已在 2014 年年底倒闭,原本挂着"聚咖啡"招牌的店铺也已几易其主。

在各种众筹项目风起云涌时,曾经数百人争相加入的众筹咖啡馆终究未能颠覆"三个和尚没水喝"的现实。这个结果令人唏嘘,也不禁让我们发问:很多人众筹一家咖啡馆,真的只是听上去很美吗? 曾担任"聚咖啡"董事长,并为之耗费许多心血的小储已经回到正常工作生活的轨道上。对于"聚咖啡"的倒闭,他并不愿意提及太多,"主要还是因为房租太贵,每个月要 2 万元左右,收支难以平衡。60 万元众筹资金花光后,股东都不愿意再投钱了。"股东之一来兼亦,则用"人多主意多,没有主心骨,没有责任心"概括了"聚咖啡"倒闭的主因。其实在咖啡馆筹备时,董事会就遭遇过这个模式的最大瓶颈——决策效率不够高。虽然有董事会、监事会,但为了保证民主和参与度,"聚咖啡"重大决策仍需要征询所有人意见。一项建议从提出到落实,往往要耽误不少时间,他们也为此付出了高额成本,如错过了很多心仪的商铺。直至"聚咖啡"停业,董事会还没有真正破解这个难题。"议事规则还没有制定好就开始实施,本身就是个问题。"小储反思。在董事会最初为"聚咖啡"描绘的蓝图里,还包括让咖啡馆成为一个社交平台,由来自各行各业的股东为咖啡馆"造血"。这一点,在实际操作过程中也遇到了困难。不少"很多人合开的咖啡馆"都已经消失。一场以浪漫和情怀开始的"很多人合开咖啡店"的尝试,最终还是以"和平分手"收尾。

(资料来源:浙江在线——《今日早报》,2015-04-29,作者纪驭亚)

第四章

高速成长期的融资管理

> 新创公司安全度过初期生存关后,就会进入高速成长阶段,公司进入高速成长期后,产能进一步增加、市场全面拓展、规模迅速扩张、现金流迅速增加,"做大"是高速成长期的主要特征。伴随着企业的快速成长,资金需求量会猛增,此时,融资管理的任务是全方位筹集资金,以满足企业快速发展的需要,同时要进行有效的控制权管理。

第一节 高速成长期的融资管理任务

新创公司高速成长期融资管理的主要任务,概括起来有 3 个方面,一是准确地测算资金需要量;二是选择合适的融资渠道;三是有效地控制融资风险。

一、准确地测算资金需要量

融资管理首先要解决的问题是需要筹集多少资金,所以准确地测算资金需要量是融资管理的第一步。

企业的资金来源,包括内部和外部两个方面,内部资金来源是指企业经营过程中产生的正的现金流量净额,即经营现金流入量在抵补经营现金流出量后的剩余部分,主要表现为留存收益,具体包括企业提取的盈余公积①和未分配利润。

盈余公积金是企业按照税后利润的一定比例提取的、用于扩大再生产和集体福利开支的内部积累,是企业留存的指定用途的利润,是企业发展所需的内部资金

---

① 根据《公司法》的规定,公司的税后利润应当按照下列顺序分配:弥补公司的亏损;提取法定公积金,在弥补亏损后,应当提取 10% 列入法定公积金(在法定公积金累积金额达到公司注册资本的 50% 后,可以不再提取),按照税后利润的 5% 提法定公益金以及任意盈余公积。法定盈余公积、公益金以及任意盈余公积,统称为盈余公积。

来源。

未分配利润则是在提取盈余公积、再向投资人分配利润后,剩余的未分配的那部分利润。显然,也是内部资金来源的重要方面,与盈余公积金不同,未分配利润虽然也是留存利润,但没有指定用途,所以其使用更加灵活。

需要从外部融资多少,首先要测算公司高速发展的资金总需求量,然后扣除内部可以获得的融资额,再减去包括应付账款等日常经营中自然产生的商业信用后,最后确定外部融资额。

需要特别注意的是,新创公司财务管理者的融资管理,不仅要关注融资额度,还必须关注融资的时间,既保证筹集的资金能够及时到位,防止出现支付不能而陷入财务困境,又要控制好融资节奏,防止出现过量过早融资造成资金闲置。

二、选择合适的融资渠道

与种子期和幼苗生存期不同,高速成长期的创业公司,融资渠道更宽,融资成本会更低。

由于高速成长期已经有一定且不断增长的现金流,财务状况逐渐得到改善,盈利前景逐渐明朗和向好,财务信用逐渐增强,还债能力和盈利能力都在增强。所以,处于高速成长期的创业公司不仅可以从外部投资人处筹集权益性资本投资,也可以从债权人处获得债务性资金,融资渠道更宽,选择更多。

处于高速成长期创业公司的融资管理,必须对各种可行的融资渠道进行科学的甄别。一是能否提供足够的资金数额;二是哪种融资渠道的融资成本更低,融资风险更小。

三、有效地控制融资风险

高速成长期的融资风险主要表现为 3 个方面,一是资金供应是否到位;二是资金成本能否接受;三是能否有效保障控制权。

(一) 资金供应是否到位

资金供应是否到位,意味着到期的债务能否及时偿还、需要的支付能否顺利完成。及时到位的资金供应,说明财务工作运筹得法,融资渠道多、资金充裕,不会出现支付不能的情形,财务状况良好。

资金链断裂是指资金供应不到位。告贷无门,资金不能及时到位,到期的债务不能如期如数偿还,采购货物和设备的款项、需支付的工资、要缴纳的税金、应付的水电费等不能及时支付,严重的会被债权人告上法庭、被查封和清算,从而陷入财务困境,甚至破产。

（二）资金成本能否接受

资金成本高是另一类融资风险。融资成本必须是在可接受的范围内，其上限是创业项目的投资回报率。如果融资成本高于投资回报率，意味着会产生经营亏损，长期的经营亏损会耗尽企业的资金"血液"，最终走向破产。融资管理的任务就是在控制融资成本，面对多个可能的融资渠道，选择融资成本最低的融资渠道。

（三）能否有效保障控制权

通常，债务融资不会出现控制权丧失的情况，除非出现严重的债务危机导致企业被债权人接管的情形。

权益性融资则不同，在高速成长期，为了获得大额快速增长的资金需要，有时候会从投资人处大量引入权益资本，伴随而来的是需要创业者出让相应的股份，股权的出让意味着控制权的稀释，当出让股权超过 50% 时，创业者将失去绝对控制权；当创业者保有的股权低于 50% 时却仍然可以实现对企业控制时称为相对控制权，相对控制权需要通过一致行动股东的结盟或者通过类似在公司章程、股权设计等以外的控制性条款来实现。保障有效的控制权是高速成长期融资管理的重要任务，也是创业公司财务管理人员秉持创业者价值最大化、始终站在创业者立场从事财务管理活动的关键。

第二节｜资金需要量的测算

新创企业进入高速成长期后，经营活动步入正轨，此时可以根据经营活动的现金流和投资需要来测算公司的资金需要量。当内部资金来源无法满足经营活动和投资扩张需要时，应及时从公司外部筹集必要的资金。

高速成长期的资金需要量测算，可以从定性和定量两个方面分析。定性分析法主要是利用直观的资料，依靠个人的经验和主观分析与判断来预测资金需要量，可以采用召开座谈会或专家论证会等形式进行，此时的预测结果比较粗略，所以定性分析法可作为辅助分析方法；定量分析法是以历史资料为依据，采用数学模型对未来时期的资金需要量进行分析，定量分析法预测的结果更科学准确，常用的方法有销售百分比法和线性回归分析法。

一、销售百分比法

销售百分比法是根据销售额和资产负债表、利润表有关项目间的比例关系，预测各项目短期资金需要量的方法。

在会计报表中,有些项目与销售额有一定的相关关系。那些随着销售额的变动而变化的项目,称作敏感性项目,如资产负债表中的货币资金、应收账款、应付费用和其他应付款等;那些不随销售额的增长而增加的项目称为非敏感项目,如对外投资、固定资产净值、短期借款、长期负债、实收资本等项目。销售百分比法就是利用敏感性项目与销售额之间的变动关系来测算敏感性项目的变动情况,并利用资产负债表资料进一步测算外部筹资额。

某公司第一年 12 月 31 日的资产负债表如表 4-1,利用销售百分比法测算外部融资额。

表 4-1　某公司资产负债表(简)　　　　金额单位:万元

资产	金额	负债及所有者权益	金额
货币资金	150	应付票据	184
应收账款	360	应付费用	45
存货	2 850	应付账款	560
预付费用	50	短期借款	1 000
固定资产	4 360	长期负债	1 385
		实收资本	4 050
		留存收益	546
资产总计	7 770	负债及所有者权益总计	7 770

如果该公司当年的销售收入为 5 000 万元,销售净利润率为 23%,公司按税后利润的 20% 发放股利。如果公司尚有 20% 的剩余生产能力,预计下一年度销售收入增长 40%,由于销售收入增长,产能不足,需要增加固定资产投资 1 250 万元,如果下年度销售净利率仍然为 23%,预期下年末股利发放比例保持在 20% 水平。此时,可利用敏感性项目来测算下年度的资金需要量。

第一步,根据第一年年末的资产负债表及销售额资料,确定敏感性项目与销售额的变动关系,在此基础上编制下一年度的预计资产负债表(如表 4-2 所示)。

第二步,确定需要预测年度筹资总额。

在预测年度的预计资产负债表中,由于销售收入比上一年增加了 40%,即 5 000×40% = 7 000(万元),导致资产总额比资金来源(负债和所有者权益)多出 2 298.4 万元,这就是预测年度存在的资金缺口,也就是下一年应筹集的资金总额。

表 4-2　某公司预计资产负债表(简)

（第 2 年 12 月 31 日）　　　　　　　　　　金额单位：万元

资产	第 1 年金额	敏感①系数	第 2 年金额②	负债及所有者权益	第 1 年金额	敏感系数	第 2 年金额
货币资金	150	3%	210	应付票据	184	3.68%	257.6
应收账款	360	7.2%	504	应付费用	45	0.9%	63
存货	2 850	57%	3 990	应付账款	560	11.2%	784
预付费用	50	1%	70	短期借款	1 000	—	1 000
固定资产	4 360	—	5 610③	长期负债	1 385	—	1 385
				实收资本	4 050	—	4 050
				留存收益	546	—	546④
总计	7 770		10 384	总计	7 770		8 085.6

筹资总额＝预期资产总额－（预期负债＋预期所有者权益）

　　　　　＝ 10 384 － 8 085.6 ＝ 2 298.4（万元）

第三步,确定对外融资额。

预期的资金缺口是需要筹集的资金总额,其中的一部分可以通过内部融资即留存的利润解决,不足部分才是外部融资额。

预测年度净利润＝预测年度销售额×销售净利率

　　　　　　　＝ 7 000 × 23％ ＝ 1 610（万元）

预计的净利润为 1 610 万元,收益留存比率为 80%（分配 20% 股利）,将有 1 288 万元的利润被留存下来,从 2 298.4 万元筹资总额中减去 1 288 万元的留存收益（内部融资）,还有 1 010.4 万元的资金需要从企业外部筹集。

对外融资额＝筹资总额－内部融资

　　　　　＝ 2 298.4 － 1 610 ×（1 － 20％）＝ 1 010.4（万元）

二、线性回归分析法

线性回归分析法就是用最小二乘法原理,对过去若干期间的销售额及资金总

---

①　敏感系数是销售额与敏感性项目的比率。

②　敏感性项目预测金额＝预测年度销售额×敏感性系数。

③　扩大产能,增加投资。

④　为了计算筹资总额,预计年度的留存收益直接引用上一年度的数据。

量(资金占用量)的历史资料进行分析,预测计划期间资金需要量的方法。

某新创企业产销量和资金变化情况如表4-3。

表4-3　某公司连续5年的产销量与资金需要量资料

年份	产销量(万件)	资金需要量(万元)
第1年	11	120
第2年	15	160
第3年	18	190
第4年	24	260
第5年	32	350

预期第6年的产销量为45万件,则可以根据回归模型对第6年的资金需要量进行测算。

第一步,根据上述资料,确定产销量与资金需要量之间的关系(如表4-4所示)。设产销量为 x 万件,资金需要量为 y 万元,则:

表4-4　产销量与资金需要量关系计算表

年份	产销量(x)	资金需要量(y)	xy	x^2
第1年	11	120	1 320	121
第2年	15	160	2 400	256
第3年	18	190	3 429	324
第4年	24	260	6 249	576
第5年	32	350	11 200	1 024
$n = 5$	$\sum x = 100$	$\sum y = 1\,080$	$\sum xy = 24\,598$	$\sum x^2 = 2\,301$

根据最小二乘法方程:

$$\begin{cases} \sum y = an + b \sum x \\ \sum xy = an \sum x + b \sum x^2 \end{cases}$$

计算 a 和 b:

$$b = \frac{n \sum xy - \sum x \sum y}{n \sum x^2 - (\sum x)^2} = \frac{5 \times 24\ 598 - 100 \times 1\ 080}{5 \times 2\ 301 - 100^2} \approx 9.960\ 1$$

$$a = \frac{\sum y - b \sum x}{n} = \frac{1\ 080 - 9.960\ 1 \times 100}{5} \approx 16.798$$

可见,该企业的产销量(x)与资金需要量(y)的关系是:

$$y = 16.798 + 9.960\ 1x$$

则,第 6 年产量为 45 万件时,资金需要量为:

$$y = 16.798 + 9.960\ 1 \times 45 = 465.002\ 5(万元)$$

用线性回归分析法测算创业公司的资金需要量,存在很大的不足。因为创业公司通常成立的时间都不长,能够提供的分析资料有限,而线性回归分析时,时间越长、数据越充分,测算的精度就越大,所以销售百分比法应该更适用于创新企业的资金需要量的测算,线性回归法可作为辅助方法运用。

第三节 引进风险投资

一、风险投资的特点

风险投资,简称风投,主要是面向初创企业的权益投资。

与天使投资相比,风险投资在投资额度、专业化程度和投资偏好等方面都有自己的特点。

(一) 资金数额更大

与由个人完成的天使投资不同,风险投资属于机构投资者,包括风险投资公司和风险投资基金。

风险投资机构通常是由一个大型机构或大型公司牵头出资,吸收其他投资者参与设立的投资公司。国内著名的风险投资公司如深圳市创新投资集团,主要股东包括深圳市人民政府国有资产监督管理委员会、深圳市星河房地产开发有限公司、上海大众公用事业集团股份有限公司、福建七匹狼集团有限公司等,已经成功地对欧菲光(股票代码 002456)、铁汉生态(股票代码 300197)、乐视网(股票代码 300104)和腾邦国际(股票代码 300178)等进行投资并实现了上市。

风险投资基金则是通过私下或公开募集的方式设立的风险投资基金。在风险投资基金中,绝大部分为私募基金形式,由基金公司私下或向特定人士募集资金设立的投资基金,很少一部分则采用在市场上公开发行基金份额的公募基金形式。美国国际数据集团(International Data Group,IDG)旗下的技术创业投资基金又称IDG资本(IDG Capital)就是一个著名的风险投资基金,创始于 1992 年,也是最早进入中国的外资投资基金。截至 2017 年上半年,IDG 资本已在中国扶持超过 600 家各行业优秀企业,包括腾讯、百度、搜狐等著名企业,其中有 150 余家在中国及海外市场上市或实现并购退出。

正是由于风险投资的机构投资者性质,能够动用的投资额远比天使投资大得多。

(二) 投资专业化

与天使投资不同,风险投资是由专业投资团队负责的,有着一整套投资流程和规范。

风险投资一般经过从初审到投后监督等一系列程序。

1. 初审,对投资项目进行筛选

风险投资公司面对收到的项目计划书,需要根据自己的投资领域和资金情况进行筛选。大型风险投资公司每天都可能收到多项商业计划书,一般是经过筛选后再在公司内部进行充分讨论后,再决定是否进行下一步即进行当面交流环节。

2. 面谈,进一步了解投资项目情况

面谈或深入项目实地进行考察,是进一步了解创业团队和创业项目不可或缺的过程。通常由投资经理或投资项目负责人与创业团队进行当面接触,通过交流、查阅资料、实地勘查等方式,了解创业项目和创业团队。

3. 尽职调查,对投资项目进行专业评估

如果面谈成功,风险投资者接下来便组织力量对拟投资的创业项目进行尽职调查。通过查阅公司账目,年报等资料;与客户、供应商以及员工的交谈,了解创业公司的资产、负债、经营和财务等情况;调查创业团队的背景、能力和诚信情况,对创业项目的机会和风险进行评估。尽职调查有时候可委托独立的第三方进行。

4. 谈判,商定投资条款

尽职调查完成之后,如果创业项目前景看好,风险投资者便开始与创业者进行谈判,商定具体投资金额、投资形式和所占的股权份额等,明确双方的权利和义务。

5. 签订投资合同或协议

投资合同或协议是将双方的权利和义务固定下来的法律文本,也是后续投资与监管的法律依据。

6. 投后监管,对投资后创业公司的监督与管理

风险投资是有风险的投资,所以投资后的跟踪与监管是管控投资风险的重要方式。风险投资者的投后监管,一般是在被投资公司的董事会中扮演相应的角色,如咨询和服务,就改善经营状况以获得更多的利润提出建议,帮助招募管理人员;再如审查与监管,对重大投资和融资事项、重大经营管理活动进行跟踪与监督,对财务报告进行审计等。

(三) 更多投资于高速成长期企业

虽然有的风险投资也向种子期和幼苗期的创业公司进行投资,但绝大部分风险投资者更偏向于高速成长期的创业公司,对具有高成长和高风险具有明确的偏好。红杉资本是一间著名的风险投资机构,成功地投资了包括高德软件、大众点评等一大批创业公司,它对创业项目阶段投资的选择,很好地代表了风险投资的投资偏好。分析资料显示,2006 年至 2017 年间,红杉资本对中国的项目投资项目中,种子轮、天使轮、A 轮、B 轮,所占比例分别为 0.2%、5.26%、46.46%、27.27%,对进入高速成长期的创业公司有明显的投资偏好。

此外,风险投资者一般会专注于几个自己所熟悉的行业,如前述红杉资本偏好电商、旅游出行、O2O 和垂直社区、互联网金融等 4 类创业项目,深创投则关注TMT(科技、媒体和通信)、消费升级、生物医药和节能环保领域,IDG 资本则更喜欢互联网与高科技、新型消费及服务、医疗健康和工业技术等。

二、引进风险投资

站在创业者视角,引进风险投资不仅可以带来大量创业所需的资本,同时也可以得到风险投资者在技术、市场和管理等方面的支持和帮助,但风险投资的逐利性质也要求创业者对引进风险投资进行审慎评估。

(一) 何时引进风险投资

初创企业,显然不是引进风险投资的最佳时机。处于种子期和幼苗期的初创企业,一方面所需资金不多,创业者自筹或者适当地引进天使投资就能够满足创业资金的需要;另一方面,初创企业大多处于产品的研发和试销阶段,甚至还在摸索商业模式,未来发展前景不明朗,风险很大,一般也很难获得风险投资者的青睐。要知道,风险投资者可是嫌贫爱富,喜欢锦上添花,不会雪中送炭的。

创业公司一般是在安全度过生存期,进入高速发展阶段时,适时引进风险投资。进入高速成长期时,需要大量的资金支持,仅仅依靠创业者自筹和天使投资的资金有可能不能满足需要。同时,借助风险投资的巨额资金,迅速增加产能、占领市场、构筑市场壁垒,抬高其他企业进入市场的门槛。

引入风险投资要恰逢其时,既不能过早也不能过晚。过早引入风险投资,由于投资风险过高,会抬高风险投资的要价导致新创企业的股份被贱卖;过晚引进风险投资,发展空间有限,会导致风险失去兴趣,从而阻碍风险投资的进入。只有在度过生存关进入高速成长的节点上引进风险投资,才能充分发挥风险投资的作用。

(二)引进最合适的风险投资

市场上风险投资众多,创业者心仪的风险投资者是谁? 首先是能够提供充足资金支持的;其次是能够在创业之路上能够伸出相扶之手的;最后是能够与创业者一起既能同富贵又能共患难的。

每一个风险投资者的资金实力、行业背景、管理能力都不相同,所以能够为创业者带来的后续服务是千差万别的,选择合适的风投机构将有助于创业者和创业公司的长期快速发展。

(三)有效地控制引进风险投资的风险

引进风险投资的同时,也会给创业者带来额外风险,这些风险既包括出让股份导致创业者有可能丧失对创业公司的控制权,也包括增加人员管理难度、提高内部运行成本和提升保密管理要求等成本。

1. 增加人员管理难度

引入了风险投资,风险投资者作为权益资本所有者必然会进入公司管理决策层。对于绝大部分创业者以技术创业的公司,风险投资者很可能非常殷勤地向创业者推荐管理、财务、营销等方面的专业人士进入管理团队,以"帮助"或"协助"创业者提升管理水平。同时,原创业团队的管理空间可能会被挤压,甚至重新洗牌。

2. 提高内部运行成本

内部运行成本的提升,很大方面是因为风险投资者为首的新的管理团队的加入而增加的沟通成本。企业管理团队的运行效率会降低,甚至时时出现矛盾,创业者不得不花费大量精力来整合和处理管理团队成员的关系,这客观上会减少创业者之前对产品(服务)、市场(客户)等的专注,内部管理成本骤增。

3. 提升保密管理要求

保密是对企业价值的保护,企业的关键技术、客户资源、成本资料,甚至内部管理机制,对企业的生存和发展至关重要。新创企业引入风险投资时,必然要面对风险投资者的尽职调查,其后风险投资者投资后还要进入企业的决策管理层,如何在尽职调查中做到保守创业公司的商业机密,如何在进入决策管理层后让风险投资者及其派遣的管理人员做到严守创业公司的商业机密,也是创业者在引进风险投资时必须面对的问题。

第四节　其他融资

一、战略投资

(一)战略投资的特点

战略投资不同于财务投资①,除了追求财务回报,更多的是属于整合行业竞争者或上下游产业资源的投资。

1. 战略投资的主要目的是整合行业资源

战略投资者一般都是与其投资的企业属于同一行业或相近产业,或处于同一产业链的上下游产业。战略投资除了追求财务回报,更重要的是战略目的,即整合行业资源:消除竞争对手;降低成本;利用被投资单位的人才、技术、产能、管理甚至原材料。

新创企业如果希望在获取资金支持的同时,获得投资者在公司管理或技术方面的支持,可以考虑引进战略投资者。借助战略投资者的营销网络打入陌生市场,利用战略投资者的产能增加产量,利用战略投资者的行业影响提升行业地位,利用战略投资者的客户资源增加订单,引进战略投资者可以获得技术、产品、上下游业务或其他方面的互补,提高公司的赢利和增长动力。

2. 战略投资者会深度介入被投资单位的决策和管理

天使投资、风险投资等财务投资者以获取财务利益为投资目标,虽然也会不同程度地介入被投资单位的决策与管理,但更多的是为了财务目标。在条件合适时,财务投资者会通过上市、收购等方式实现收获,退出投资。而战略投资者则不同,战略投资者对被投资单位投资后,会对被投资单位实现横向水平或纵向垂直的资源整合,对被投资单位的控制和在董事会比例上的要求会更多,会深度介入被投资单位的决策层,有时候还会较多地参与被投资单位的日常经营管理。

---

① 财务投资者是指那些主要出于财务目的的投资者,关注投资后的投资回报。财务投资者除了要求在董事会层面上参与公司重大战略决策外,一般不参与日常管理和经营活动,也不会成为公司潜在的竞争者。战略投资者是出于对生产、成本、市场等方面的综合考虑,而不仅仅着眼于短期的财务回报,比财务投资者的投资期限更长,会在董事会甚至日常经营管理层面上介入公司的管理,引入战略投资者的一个重要风险是他们可能成为潜在竞争者。

3. 战略投资的期限更长

出于战略投资的目的,战略投资者通常比财务投资者的投资期限更长,因为战略投资者是利用被投资单位的技术、人才、产品、市场等资源来谋求自身发展或自身转型的需要,所以不会像财务投资者那样获得财务回报的收成后就转身离去,而是长时间的投资行为。

(二)加强对引进战略投资者的管理

引进战略投资者是提升创业公司行业地位的重要方式,但也会产生一些负面影响。战略投资者对创业公司的影响是持续的、全局的,所以引进战略投资时,创业者不能仅仅关注引进战略投资者的"利",更要对引进战略投资者的"弊"有清醒的认知,防止引"狼"入室。

1. 充分评估引入战略投资者的成本

创业公司引进战略投资者的成本包括财务成本和非财务成本。财务成本是创业者出让的股权份额、支付给战略投资者的投资利润以及管理费用的增加额,这些财务成本是看得见的,是可以测算的成本。非财务成本主要包括战略投资者进入决策机构后对创业者既有权力的限制、沟通增加而带来的效率降低、不同企业文化和管理理念的冲突所产生的管理障碍等。

2. 防止被恶意收购

创业者必须准确把握战略投资者的真实意图,防止被恶意收购。恶意收购是以获得创业公司控制权、占有创业公司、消灭创业公司为目标的投资行为。通过恶意收购,投资方进入被投资单位权力机构,"合法地"控制和左右被投资单位的经营管理活动。新加坡收购巴基斯坦瓜达尔港就是一起典型的恶意收购案例。巴基斯坦瓜达尔港处于波斯湾的咽喉,紧扼从非洲、欧洲经红海、霍尔木兹海峡、波斯湾通往东亚、太平洋地区数条海上重要航线的咽喉,是一个可以停靠 8~10 万吨油轮的深水港。通过这一港口,中国通往中东这个能源根据地的运输航线,可完全不绕道马六甲海峡,直接从瓜达尔港上岸通过管道或铁路,进入中国新疆,中国的船只与商品能够更快到达中东及波斯湾地区。2006 年,在瓜达尔港的国际招标中,扼守马六甲海峡的新加坡港务国际公司在竞标中以 10 倍于中国的出价取得了瓜达尔港长达 40 年的运营权,但新加坡港务集团在获得经营权后 10 年时间内都没有对瓜港进行任何投资,故意闲置,港口也一直未形成商业运营,世界石油交易量的 60%、中国大陆 80%进口石油,都经过新加坡的马六甲,维持了新加坡在国际航运地位并带来巨大收益。

3. 谨防引"狼"入室

战略投资者与创业者既可以形成是战略同盟关系,也可能形成恶性竞争关系。

所以,创业公司在考虑引进战略投资者时,创业者一方面要严守对创业公司的控制权,不能被战略投资者牵着鼻子走。创业者必须清楚,如果希望保持独立性和主动性,财务投资者是最佳的选择。另一方面则要严守创业公司的商业机密,特别是独创性的专有技术和专利权,谨防引狼入室,陷入被动境地。

二、债务融资

(一) 债务融资及其分类

1. 债务融资的特点

1) 债务融资的偿还性

负债融资又称借入资金,创业公司通过商业信用、银行借款、发行债券等方式从外部筹集的资金属于负债。权益融资则是没有偿还性要求的,投资人(权益资本出资人)向创业公司投资后,以获得分配利润为目的,只有在创业公司上市、被收购或破产清算的情况下,投资人才有可能收回全部或部分投资,所以创业公司对投资人的权益资本投资没有偿还压力,而债权人则不同,创业公司从债权人处借入的资金属于企业的负债,只是获得了借入资金一段期限的使用权,并为此付出利息成本,到期则需要偿还借款本金。

负债融资的偿还性特征,决定了负债融资的时限性,即到期必须还本付息。这种偿还时限要求固化了负债融资财务风险的刚性,在发生支付不能的情况下,只有在获得债权人的和解,实施债务重组时,创业公司的债务危机才有得到纾解。

2) 债权人不参与创业公司的经营管理

权益资本投资人作为创业公司的股东,有权参与企业的决策与管理。而债权人则不同,债权人不是公司的股东,所以无权参与创业公司的决策和管理活动。

在个别情况下,强势的债权人会通过在借款契约中增加限制性条款,来影响创业公司在投资、融资、经营或管理活动中的某些行为。如要求创业公司为主要创业人员或关键技术人员购买人身意外保险,要求创业公司对重大投融资活动首先征求债权人的意见或优先向已有债权人融资等等,以保障其出资的安全性。

当创业公司陷入财务困境,不能如期还本付息的时候,债权人可能会出面干预创业公司的具体经营活动。在极端情况下,债权人会通过司法诉讼程序勒令创业公司停业,组成债权人集团接管创业公司,解散或宣告创业公司破产,对创业公司的资产进行拍卖和清算以收回其债权。

2. 债务融资的分类

债务融资的分类情况如图 4-1 所示。

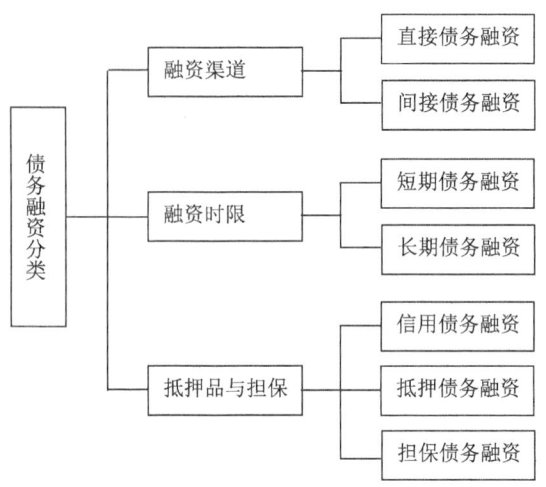

图 4-1 债务融资的分类

1) 按照融资渠道分为直接债务融资和间接债务融资

直接债务融资又称直接信用,是指直接从债权人处的融资。例如,在采购货物和销售商品过程中发生的应付款项和预收款项等商业信用,就属于从供应商或客户处获得了短期资金的使用权;通过发行公司债券的方式获得的资金等都属于直接债务融资。

间接负债融资又称间接信用,主要是银行信用,即从各类银行等金融机构的贷款。银行信用属于间接融资,是因为银行用存款人的资金对外放贷,银行相当于债权人的中介,创业公司向银行贷款就间接获得了存款人的资金,所以属于间接融资。

2) 按照偿还期限分为短期债务融资和长期债务融资

公司的财务管理通常将负债分为短期负债和长期负债,短期负债是指一年以内到期的债务,又称为流动负债;偿还期长于一年的负债称为长期负债,或称流动负债。

金融机构一般将不长于一年的贷款称作短期贷款,一年以上、五年以下的贷款称作中期贷款,五年及以上的贷款属于长期贷款。

3) 按照是否有抵押品分为信用负债融资、抵押负债融资和担保负债融资等

银行信用贷款就属于信用负债融资,是指以创业者或创业公司仅凭自己信誉而获得的贷款。信用贷款时借款人不需要第三方提供担保,也不需要提供抵押品。由于这类贷款的风险较大,银行一般会对借款人的经济效益、经营管理水平、发展前景等情况进行详细的考察。

抵押贷款要求借款人提供一定的抵押品作为贷款的担保,以保证贷款的到期

偿还。用于抵押的物品必须是易于保存、不易损耗且容易变卖,如有价证券、票据、股票、房地产等。抵押贷款到期后,如果借款人如期偿还贷款,抵押品将归还贷款申请人;反之,如果不能按期偿还,抵押品将被拍卖,拍卖所得款用于偿还贷款,如果拍卖款不足以清偿贷款,借款人仍需承担继续清偿的义务。

担保贷款是以第三方为借款人提供相应的担保为条件获得的贷款。担保可以是人的担保或物的担保。人的担保,是指有偿还能力的经济实体出具担保文件,当借款人不能履约归还贷款本息时,由担保人承担偿还贷款本息的责任。物的担保,是以特定的实物或某种权利作为担保,一旦借款人不能履约,银行可通过行使对该担保物的权利来保证债权不受损失。

(二) 债务融资管理

1. 了解自身的财务状况

由于债务融资具有偿还性特点,所以创业者在通过负债融资前必须清楚自身的偿还能力,准确地评估自己的财务状况。

财务状况是资产和负债的关系。具体表现为支付能力或偿债能力,财务状况好坏,既取决于资产及其质量,又取决于负债及其偿还期限。资产总额大且变现能力强,支付能力就强,负债总额小且偿还期长,还债压力就小。创业者可以通过分析资产负债表上的资产、负债及净资产的金额、构成及其关系,准确地把握创业公司的财务状况。

1) 资产与负债的关系

评估财务状况,首先要分析资产负债表上资产总额与负债总额的关系,通常是用资产负债率指标来分析,其计算公式如下:

$$资产负债率 = \frac{负债总额}{资产总额} \times 100\%$$

资产负债率越小,意味着企业的净资产[①]越大,信用就越好。经验数据表明,当资产负债率处于40%至60%之间时,企业的财务状况比较好。当然这个指标越小,说明越稳健,指标值越大,说明还债的压力越大,如果资产负债率大于100%,表明资不抵债,有可能会陷入财务困境。

资产负债率指标没有加入时间因子,所以不能判断一个单位在特定时间里的还债压力。

2) 资产的流动性程度

资产的流动性是指资产的变现能力,即资产转化为可用于支付(还债)的速度

---

① 净资产是指股东权益,是企业全部资产扣除全部负债后的剩余资产,即:净资产 = 资产 − 负债。

和金额。在资产负债表上,流动资产是一年内可以变现的资产,所以一个单位的流动资产所占的份额越大,说明该单位资产的流动性越好,支付能力就越强。可将流动资产与资产总额进行比较,构建资产变现率指标,用于衡量一个企业资产的变现能力,评价资产的弹性和质量。资产变现率的计算公式如下:

$$资产变现率 = \frac{流动资产总额}{资产总额} \times 100\%$$

资产变现率指标引入了时间因子,分析了资产在一年内可以变现的数额和份额,从而是分析短期支付能力的重要指标。

3)评估短期还债能力

资产变现率指标虽然引进了时间因子,但只是着眼于资产一方,一个单位的财务状况不仅体现其支付能力,而且体现其还债能力,所以必须联系负债一方的情况才能分析还债能力。

流动比率是一个很好的评估短期偿还能力的财务指标。可以将资产负债表上的流动负债和流动资产进行比较,以分析短期偿还能力。这里的短期是以一年为限,因为流动资产是一年内可以变现的资产,即有多少金额的资产可以在一年以内转化为支付能力,而流动负债则是一年内需要偿还的债务,两相比较,可以看出一年内的还债能力。流动比率的计算公式如下:

$$流动比率 = \frac{流动资产}{流动负债} \times 100\%$$

从流动比率的公式可以看出,流动资产至少要大于流动负债,小于流动负债就意味着一年内的债务有可能不能如期偿还。在实务中,流动资产必须远远大于流动负债才能保证一年内的债务的偿还。毕竟不能把全部流动资产变现用于偿还债务,因为企业的生产经营需要资金支持,只有保证生产经营活动正常进行,才能产生源源不断的资金流入,还债才能真正有保障。经验数据是,流动资产必须是流动负债的两倍,即流动比率为200%时,短期还债能力才能真正有保障。

2. 明确公司的财务政策

明确了公司的财务状况,创业者还需要进一步确定公司的财务政策。财务政策的内容很多,理论上讲只要涉及财务活动的选择都属于财务政策,这里主要讨论创业公司的融资政策。

创业公司可以采取积极的融资政策,也可以选择稳健的融资政策,介于两者之间的属于适中的融资政策。不同的融资政策主要区别在于对融资风险的选择态度。企业只要融资,融资风险就会存在。传统的融资风险是指由于债务融资而产生的风险,因为债务融资具有还本付息的刚性压力,所以当陷入债务困境时,企业将面临被债权人接管和破产清算的可能。广义的融资风险还应该包括权益资本的融资风险,虽然投入权益资本的投资人没有还本付息的索求,但企业引进权益资本时,会稀释创业者的股权,对创业者的控制权产生影响,甚至有可能会取代创业者对创业公司的控制权地位,这也属于融资风险的范畴。

1) 积极的财务政策

积极的财务政策是在一定程度上接纳融资风险的政策,在融资安排上更主动、更激进,主要表现在:

(1) 将短期融资用于长期资金需求。将大量的临时性资金来源和短期银行借款等用于固定资产和无形资产等长期资金需要,在资产负债表上具体表现为流动资产小于甚至远小于流动负债,此时短期的还债压力大,企业需要随时面对债务风险,拆东墙补西墙成了家常便饭。

(2) 过量融资。过量融资是一种更加激进的融资策略,即融资额高于甚至远高于资金需要,如大量举借债务,或者吸收投资人过量的权益资本。过量融资首先会造成资金闲置,其次会增加融资成本,压缩了企业的盈利空间,更重要的是,大量获得权益资本需要创业者释放更多的股权。

创业公司在高速成长期有可能会采取积极的融资策略,大量举债以满足产能扩张和市场拓展的需要,但采取过于激进的财务政策时,创业者必须充分做好应对风险的思想准备。

2) 稳健的财务政策

稳健的财务政策是对融资风险厌恶型的政策。临时性负债只满足部分临时性流动资产的资金需要,另一部分临时性流动资产和长期资产,则由长期负债和和权益资本来解决,在资产负债表上具体表现为流动资产大于流动负债。

稳健型财务政策下临时性负债占企业全部资金来源的比例较小,企业偿还债务的风险较低,其不利影响是,因为长期负债的成本高于短期负债,所以会降低企业的收益水平。因此,稳健型筹资政策是一种风险性和收益性均较低的财务政策。

3. 债务重组

当债务人发生财务困难时,可以取得与债权人的和解,债权人做出让步或经法院裁定做出让步,达成和解协议。债务重组方式主要有:变更债务清偿形式、债务展期或债务豁免、债权转化为股权等。

(1) 变更债务清偿形式。将原先以现金偿还债务形式,修改为以非现金资产清偿债务。这里的非现金资产,包括:股票、债券等金融资产,不动产,机器设备,商品、材料等存货资产。

（2）债务展期或债务豁免。债务展期是指延长还债时间，有时候债务人还需要额外付出展期的利息。债务豁免就是部分或全部豁免本金或利息。

（3）债务转化为股权。债权转化为股权，即债权人对企业的借款转化为对企业的投资，债权人的身份转变为负债企业的股东。

（三）发行公司债券

1. 发行公司债券

公司债券又称公司债，是符合条件的公司依照法定程序发行的，约定在一定期限内还本付息的有价证券。

创业公司步入高速成长阶段，在达到规定条件时，发行公司债券募集资金也是一项不错的选择。在高速成长时期，创业公司的规模迅速扩张，资金需求量猛增。此时，创业者可以进一步思考发行公司债券的可能性，发行公司债券可以为创业公司筹集到大量、稳定的资金，而且不会对创业者的股权产生稀释效应，相对而言，发行公司债券筹集资金的条件更加苛刻。

根据《公司法》规定，发行公司债券的，必须是公司制企业。具体地说，必须符合以下发行债券条件：

（1）股份有限公司的净资产额不低于人民币3 000万元，有限责任公司的净资产额不低于人民币6 000万元；

（2）发行后累计债券总额不超过净资产的40%；

（3）公司近3年平均可分配利润足以支付公司债券1年的利息；

（4）筹资的资金投向符合国家的产业政策；

（5）债券利息率不得超过国务院限定的利率水平；

（6）公司内部控制制度健全，内部控制制度的完整性、合理性、有效性不存在重大缺陷；

（7）经资信评估机构评级，债券信用级别良好。

可见，创业公司发行公司债券虽然可以获得大量、稳定的资金供应，但筹集资金难度较大，条件苛刻、审核时间长、筹资成本更高。

2. 发行可转换债券

可转换债券简称可转债，持有者可以在约定期限内按一定比例或价格转换成一定数量公司普通股股票的特殊企业债券。

创业公司发行可转换债券筹集资金，向债权人提供了债券到期时的优先选择权。债权人可以在债券到期时兑换成现金，收回本息，也可以按照事先约定的条款兑换成创业公司的股票。债权人购买创业公司的可转债比直接购买创业公司股票的风险要小得多，由于创业公司的成长性特点，发行可转换债券可以大大地延迟债权人对风险的确认,所以对债权人更具吸引力,创业公司也更容易筹集到发展所需的资金。

(四) 租赁

租赁是创业公司解决资金不足的一个常见方式。按照租赁的期限,有一年以内的短期租赁和超过一年的长期租赁两类。

1. 短期租赁

短期租赁又称经营性租赁,一般是指租赁期在一年以内的租赁,是以提供租赁物的短期使用权为特点的租赁形式。在租赁期间,承租方需要按约定支付租金,租赁期满,出租方收回租赁物。在租赁期内,出租人负责租赁物的维修和保养等。

按照现行会计准则的规定,短期租赁和低价值资产租赁属于表外融资项目,不需要在财务报告上专门披露,既不用披露承租的资产价值信息,也不需要披露租金的负债信息,从而不会降低公司的信用水平。

2. 长期租赁

按照会计准则的定义,长期租赁是指租赁期限超过 12 个月的承租业务。承租方通过长期租赁方式获得租赁资产的使用权,其实质是从租赁公司处获得了融资,是一种集融资与租物一体的租赁方式,故又称融资性租赁。

采用长期租赁方式,创业公司可以通过租赁来实现融资的目的,并具有对租赁资产的长期使用权。通常在租赁期满,出租方会以极低的价格将租赁资产转移给承租方,甚至是无偿赠送给承租方。表面上看,承租方对长期租赁的资产没有所有权,但从经济实质上看,承租方几乎占有了租赁资产全部使用权,按照现行会计准则的规定,承租方在财务报表上要同时披露长期租赁的资产价值和租赁负债的完整信息。

3. 租赁融资的优缺点

租赁融资的成本相对比较高。创业公司通过租赁方式获得资产使用权的同时,需要付出较高的使用成本。这是因为出租方需要一定的收益回报,承租方的成本既包括出租方出租资产的折旧费、修理保养费、利息支出,还应包括出租方的相关税金和利润,所以通过租赁方式虽然可以便捷地获得资产的短期使用权,与此同时需要付出比较高的成本代价。

租赁融资可以缓解创业公司的资金支付压力。无论是短期租赁还是长期租赁,创业公司通过租赁方式获得资产,都直接获得租赁资产使用权。对于创业公司来说,通过占用而不是占有的方式占用厂房、设备等生产条件,可以迅速增加产能和改善生产经营条件,为尽快占领市场提供有力的资产支持。与此同时,通过按期支付租金,而不是一次性购买,创业公司可以减轻资金支付压力,大大缓解紧张的现金流。所以,租赁是创业公司的一个很好的融资方式选择。

租赁融资有利于规避资产的价格和使用风险。创业公司通过租赁方式获得租赁资产的使用权而不是所有权,可以避免技术进步产生的设备更新风险,从而无须承担租赁资产暴露在市场上价格波动所产生的风险。同时,对于短期租赁来说,租赁资产的保养、维修、管理等义务一般由出租人负责,对于租赁那些需要专门技术进行维修保养的设备,承租方可以获得出租方维修保养的技术服务,从而降低资产使用风险。

第五节｜控制权管理

一、创业与控制权

创业者掌控创业公司控制权是确保创业公司能够按照创业者意愿发展的重要条件,是创业者价值的重要体现,更是创业融资的目标。

创业者在创业过程中,为了增加创业公司的规模,扩大其产品的市场占有率,必须借助外部力量,这就需要从外部获得融资。如前所述,外部融资包括债务融资和股权融资。从一定意义上讲,债务融资是短期资本,是需要在约定期限内偿还的资本;股权融资则是长期资本,是被锁定在公司内部直至公司破产的长期资本。而无论是债务融资还是股权融资,都会对创始人和创业团队对创业公司的控制产生不同程度的影响。

在股权融资中,创始人和创业团队必须释放出一定的股权份额,以换取外部投资者的资金注入。外部投资者通过获得股份进入创业公司的股东大会、向创业公司派遣董事,在董事会中获得话语权。按照公司法的规定,在董事会内部一人一票,并按票决制进行决策。此时,创始人和创业团队就不能完全按照自己的意愿行事,创业公司也不再完全按照创始人和创业团队的要求运行,创业者和创业团队对创业公司的控制权会受到制约。而且外部股权占的份额越大,外部投资者派遣的董事越多,创业者的控制权就会越小,极端情况下,创业者会被外部投资者从创业公司扫地出门,这在创业公司案例中也不少见[①]。

---

① 融资悲剧:俏江南创始人张兰被扫地出门。1991 年张兰怀揣出国打工挣来的 2 万美元和创业梦开始了在北京的创业。经多年打拼,2000 年"俏江南"高端餐饮应运而生。2007 年,俏江南销售额已达约 10 亿元。2009 年,张兰首次荣登胡润餐饮富豪榜第三名,财富估值为 25 亿元。在全聚德与小肥羊等国内餐饮公司先后成功上市的刺激下,2008 年,张兰引入鼎晖投资。鼎晖投资以 2 亿元的价格换取了俏江南 10% 的股权,并与张兰签署了对赌协议,如果俏江南不能在 2012 年实现上市,张兰则需要花高价从鼎晖投资手中回购股份。2011 年和 2012 年,俏江南分别在 A 股市场和港股市场谋求上市未成,触发了鼎晖投资启动领售权条款,私募投资 CVC 以 3 亿元美元收购俏江南约 83% 股权,最后张兰被迫从俏江南净身出户。

纯粹的债务融资不会对创业公司的控制权产生直接影响,但现行公司法中安排的"资本保全①""刺破公司面纱②"等制度,在合同法中设计的追偿制度,都是在一定程度上限制股东权利,直接或者间接地保护债务人的利益的安排。

创业者通过引入天使投资、风险投资和战略投资者,通过发行债券和银行贷款获得外部资本,对创业公司的快速发展至关重要。与此同时,创业者对公司的控制权也相应受到了制约。为了使得创业公司能够按照创业者的意愿发展下去,或者为了充分发挥创业者在创业公司的关键作用,保持创始人和创业团队对创业公司的控制权是必不可少的前提条件,这也是创业融资管理中必须审慎对待的难题。

二、控制权分析

(一) 股权与控制权

股权是股东因出资而取得的、依法或依公司章程的规定和程序参与公司事务并享受财产利益的权利。

首先,股权的内涵是股东向公司的出资额。股东向公司投入各类财产,包括现金、存货、固定资产等有形财产,也包括专利技术等无形财产。这些财产是股东向公司投入的资本,股东对投入公司财产的要求权就形成了股权,所以股权从本质上讲是一种财产权,是股东对公司出资后衍生出的拥有对公司事务的管理权和对公司财产增值的分配权。

其次,股权的外延是股份,是股东的出资占有公司全部股本的份额。股权包括公司管理权和公司资本收益权,公司管理权主要包括参与股东大会和董事会的相关权利,如出席权、选举和被选举权、提案权、投票表决权、召集主持权、建议质询权和知情权等;资本收益权则主要包括盈余分配权、剩余财产分配权、股份转让权等。这些权利的行使是依据股东的出资占有公司全部股本的份额来确定,占有的份额越多,股东享有的股权越多。

---

①　资本保全就是资本维持制度,是指公司在存续过程中,应保持与其资本额相当的财产以防止公司资本的实质性减少,维持公司偿债能力,保护债权人利益。《公司法》中的规定主要有:有限公司和股份公司股东出资后,必须经过验资(第二十九、九十条);有限公司和股份公司的发起人和股东在公司成立后不得抽逃其出资(第三十六、二百零一条);有限公司和股份公司在弥补亏损、提取盈余公积金之前,不得向股东分配利润(第一百六十七条);股份公司的股票可以按面值发行,也可以溢价发行,但不得折价发行(第一百二十八条)等。

②　"刺破公司面纱",是指在特定情况下,法院可以不顾公司法人的独立人格,追溯到公司法人背后的股东,由股东直接承担公司的义务和责任。由于有限责任的制度安排,公司以其全部资产承担法律责任,公司的股东则以其出资额为上限来承担相应责任,《公司法》第二十条就规定,"公司股东滥用公司法人独立地位和股东有限责任,逃避债务,严重损害公司债权人利益的,应当对公司债务承担连带责任",这项规定直接穿透了挡在公司与股东之间的"有限责任"面纱,此时债权人可以直接越过公司追究其股东的连带责任。

控制权是股权的具体体现，是股东依据所持公司的股权。根据相关法规（《公司章程》和《公司法》等）以及实际运营管理情况，控制权是实际拥有的对公司权益的控制力，所以控制权是某股东或某些股东在行使股权时对公司经营管理的影响程度。

控制权的基础是股权。在公司的权益分配中，通常情况下，拥有多少股权就能获得多少公司权益份额，即同股同权。但在有些公司治理架构中，通过设计特殊的决策机制，可以让某类股东在某些管理决策中享有比其他股东更多的权利，即同股不同权。但无论如何，没有了股权，控制权就成了无源之水、无本之木，在公司内部，不存在没有股权基础的控制权。

有时候股权与控制权是相对分离的。控制权以股权为基础，并不意味着控制权的行使人是股东本人，这就是股权与控制权的相对分离。在公司外部，通过委托投票、一致行动和其他契约方式，某些股东可以获得其他股东的诸如投票权等某些股权或者让其他股东跟随自己投票等，这就出现了股权与控制权的分离，即一部分股东放弃了自己的部分股权，让其他股东代为行使。

（二）控制权的层次——关键控制线

持有一定的股权比例意味着股东在特定事项上享有特定的权利，可以在不同程度上对公司的发展或者决策起到不同的作用，所以狭义的控制权应该是能够影响公司的经营管理活动，即可以让公司"能够"或"不能"做某件事。根据现行公司法的规定，股东获得了一定份额的股权就可以对公司经营管理活动产生影响，有的则是能够决定公司的某些经营管理活动。

1. 代位诉讼权

股东则可以以自己的名义"代公司的位"直接向法院提起诉讼。《公司法》第一百五十二条规定，有限责任公司的股东、股份有限公司连续一百八十日以上单独或者合计持有公司 1% 以上股份的股东，可以书面请求监事会或人民法院对公司的董事、监事、高级管理人员在执行公司职务时违反法律、行政法规或者公司章程的规定，给公司造成损失的，提起诉讼。

2. 临时提案权

《公司法》第一百零三条规定，单独或者合计持有公司 3% 以上股份的股东，可以在股东大会召开十日前提出临时提案并书面提交董事会；董事会应当在收到提案后二日内通知其他股东，并将该临时提案提交股东大会审议。

3. 临时股东大会提议权和召集权

持有公司 10% 的股份，可以提出召开临时股东大会；股份有限公司持有 10% 以上股份的股东还有提议召开董事会临时会议的权利；当有限责任公司的董事会或执行董事、监事会或监事均不履行召集和主持临时股东会时,持有 10% 以上股权的股东可以自行召集和主持股东会,提出质询、起诉、调查、清算,对公司经营管理发生严重困难,继续存续会使股东利益受到重大损失,通过其他途径不能解决的,持有公司全部股东表决权 10% 以上的股东,可以请求人民法院解散公司。(《公司法》第四十、四十一、一百零一、一百一十一、一百八十三条)

4. 重大事项否决权

有限责任公司单独持有或者合计持有公司三分之一以上表决权的股东,股份有限公司出席股东大会的三分之一以上的表决权的股东,可以否决修改公司章程、增加或者减少注册资本的决议,以及公司的合并、分立、解散或者变更公司形式等重大事项。(《公司法》第四十、四十四、一百零四条规定,上述重大事项必须三分之二以上的表决权方可通过)

三分之一以上(34%)股权可以实现对公司重大事项的否决权,属于防御性控制线。

5. 绝对控制权

持有公司 51% 的股份,就取得了公司的绝对控制权,是公司的控制线,可以对公司的多数事项实现绝对控制,二分之一以上(51%)就是绝对控制线。拥有绝对控制权的股东:

(1) 有权召开公司创立大会、通过公司章程、选举董事会、监事会等重大事项。(《公司法》第九十一条)

(2) 在股东大会上表决通过所有非重大事项,重大事项包括修改公司章程、增加或者减少注册资本的决议,以及公司的合并、分立、解散或者变更公司形式等。(《公司法》第一百零三条)

(3) 有权决定对外担保事项。(《公司法》第十六条)

6. 完全控制权

完全控制权是指公司所有重大事项均可控制,三分之二以上(67%)是完全控制线。

股东拥有所有三分之二以上股权,就可以对公司的包括修改公司章程、增加或者减少注册资本,以及公司合并、分立、解散或者变更公司形式、出售重大资产、重大担保事项等重大事项均有一票通过权。(《公司法》第四十、四十四、一百零四、一百二十二、一百八十二条)

(三) 控股股东与实际控制人

1. 控股股东

控股股东一般是大股东,是指掌控公司绝对多数表决权的股东,控股股东可能是自然人,也可能是单位法人。

《公司法》第一百一十七条规定,控股股东是出资额占有限责任公司资本总额50%以上或者其持有的股份占股份有限公司股本总额50%以上的股东;或者出资额或者持有股份的比例虽然不足50%,但依其出资额或者持有的股份所享有的表决权已足以对股东会、股东大会的决议产生重大影响的股东。

《上市公司章程指引》(证监〔1997〕16号)则进一步对控股股东做了明确规定,符合下列条件之一的,可以认定为控股股东:

(1) 单独或者与他人一致行动时,可以选出半数以上的董事。

(2) 单独或者与他人一致行动时,可以行使公司30%以上的表决权或者可以控制公司30%以上表决权的行使。

(3) 单独或者与他人一致行动时,持有公司30%以上的股份。

(4) 单独或者与他人一致行动时,可以以其他方式在事实上控制公司。

其中,"一致行动"是指两个或者两个以上的股东以协议方式,对公司行使一致投票权,以达到控制公司目的的行为。

2. 实际控制人

实际控制人是能够实际支配公司行为的人,一般通过股权关系、投资关系、协议或者其他安排,实现对公司行为的支配。实际控制人可以是控股股东,也可以是控股股东的股东,甚至是其他自然人、法人单位或其他组织。

在第一大股东为绝对控股股东时,第一大股东就是公司的实际控制人。

三、控制权管理

(一) 创业融资管理应以实现创始人和创业团队的实际控制权为目标

如前所述,创业融资的目标是创业者价值最大化,具体包括创业者财务收益最大化和对创业公司控制权最大化。

维持创业者在创业公司的控股股东地位是实现创业者价值最大化的具体体现,为此,在创业融资管理活动中,必须始终把控以下两个方面的融资管理事项。

1. 把握融资节奏,维护创业者的实际控制人地位

在创业初期,创业风险大,所需资金量少,要尽量减少外部风险投资,这是由风险投资的逐利避险的特点决定的,引入风险投资的时间越早,其要价就越高,创业者释出的股份就越多;在创业进入快速成长时期后,为了增加产能、扩大市场占有率,可以适时地引入风险投资,放大风险投资资金量,助力扩张,而此时创业风险大大降低,创业前景更加可视,风险投资对风险报酬的要价就会降低。

可见,创业融资必须按照里程碑法始终把握好融资节奏,按照够用和必要的原则为创业各阶段提供充分的资金支持,创业者通过分步有效的股份释放,始终得以保持实际控制人的地位。

为了保持创始人的控股股东地位,一个典型的创业公司融资进程是,创业初期需要建立股权池,用于日后融资时的股权转让,股权池的股权由创始人代持,此时创始人就是创业公司的实际控制人;在经过 N 轮次(天使投资、风险投资等)的外部股权融资后,创始人、创业伙伴和核心员工的持股不要低于 50%,通过搭建持股平台、一致行动人协议等方式实现创始人的实际控制人地位,从而可以保证创业公司能够按照创始人和创业团队的意愿继续发展;需要特别说明的是,创始人个人的股权要大于其他所有创业伙伴的股权,这样设计的目的是防止创业伙伴由于内部矛盾而影响到创业公司的发展。典型创业公司各阶段股权架构设计如表 4-5 所示。

表 4-5　典型创业公司各阶段股权架构设计

创业阶段	创始人	联合创业者(创业伙伴)	股权池	核心员工	天使投资	风险投资	说明
创业初期	30%	20%	50%				创始人的份额包括股权池的 50%,暂由创始人代持
天使轮	30%	20%	40%		10%		天使轮融资时,从股权池是拿出 15% 的股权给天使投资
A 轮	30%	20%	20%	5%	10%	15%	A 轮风险投资进入时,从股权池中拿出 5% 用于核心员工的激励计划,15% 的股权给风险投资
B 轮	30%	20%	—	5%	10%	35%	B 轮风险投资进入时,从股权池中拿出 20% 的股权给风险投资

在创业起步时设计好股权架构非常必要,可以防止日后产生矛盾与纷争。创业公司早期最为核心的是创始人、创业合伙人、核心员工和早期投资人,他们是创业早期的风险承担者和价值贡献者,但他们的贡献和诉求又各不相同。创始人和创业合伙人虽然投入小钱,但长期全职服务于创业公司,是企业价值的真正创造者,所以要占大股;早期投资人虽然投入大钱,用真金白银买股权,是创业公司的逐利者,只能占小股。创始人的诉求是控制权,是掌握公司的发展方向,所以股权架构的设计必须考虑到创始人的控制权;创业合伙人(联合创始人)是创始人的追随者,希望在公司有一定的参与权和话语权,所以需要分配一部分股权;核心员工的

诉求是分红权,他们在创业公司起到至关重要作用,股权架构设计中必须预留出他们的股份,等企业发展到一定阶段后再兑现其贡献。早期的投资人是为了追求高回报,其大额资本希望能够快进快出,所以必须在早期股权架构设计中也要预留出这部分股权空间。

2. 用好复合型融资工具,延迟股权释放时间

复合型融资工具是介于股权和债权之间的融资工具,兼有股权和债权双重性质,典型的如可转换债券、永续债券和优先股等。

可转换债券简称可转债,公司的发行时,约定该债券在一定时间按照一定价格转换成公司的普通股票,如果债券持有人不想转换,则可以继续持有债券,直到偿还期满时收取本金和利息;如果持有人看好发债公司股票增值潜力,可以行使转换权,发债公司不得拒绝。

运用可转换债券方式筹集资金,一是可转换债券利率会比普通的公司债券要低,这是因为该债券附有转换成公司普通股股票的优先选择权;二是发行债券属于债务融资,不会稀释企业的股权,即使是债券持有人行使转换权,也是一定时间以后的事了,可以延迟股权的稀释。

永续债券是没有到期日的债券,创业公司通过发行永续债券的方式融资,可以获得与普通股股票一样资金的永久使用权,而且不需要释放创业公司的股权。

优先股虽然属于股票,但其优先分配利润权、优先剩余财产清偿权却限制了其对公司的经营管理权,持有优先股股票的股东一般对公司事务无表决权,没有选举及被选举权,不能进入公司董事会,对公司的经营没有参与权,从而不会稀释创业公司的控制权。

(二)保持控制权策略

1. 构建分层股权机制

分层股权结构是指将普通股股票分为不同类别,并赋予不同类别股票的不同投票权。

《公司法》要求股份公司发行股份要同股同权。《公司法》第一百二十七条规定,股份的发行,实行公平、公正的原则,同种类的每一股份应当具有同等权利。在《公司法》下,股东是按照所持有的股份数确定股权的,相同的股份具有相同的投票权和分红权,同股同权、同股同利。

在分层股权结构中,在不改变同股同利的前提下,将投票权单独从股权中分离出来,赋予不同类别的股票以不同的投票权。《公司法》第四十三条就规定,在有限责任公司,"股东会会议由股东按照出资比例行使表决权;但是,公司章程另有规定的除外"。这就为在有限责任公司实施同股不同权打开了通道,即有限责任公司可以在公司章程里设定不同的股东赋予不同的表决权。对于股份有限公司,证监会对互联网、大数据、云计算、人工智能、软件和集成电路、高端装备制造、生物医药等高新技术产业和战略性新兴产业的企业发行股票,允许存在股东投票权差异、企业协议控制架构或类似特殊安排,即双层股权结构①;上海证券交易所和深圳证券交易所分别就试点创新企业股票投票权差异做了具体的规定,明确特别投票权股东与普通股东的投票权差异不得超过 20∶1,即 1 份特别投票权最多可以享有 20 份普通股的投票权。通过授予创始人特别投票权可以实现创始人以较少的股份实现对创业公司的控制。

分层股权机制对创业者掌控创业公司的控制权特别有意义。在创业过程中,创业者不得不引进外部资本,把新创公司做大做强,但面对外部资本对创业公司股权的稀释效应,创业者如何保持控制权,分层股权结构是一个很好的工具②。

2. 搭建控股平台

为了保证在持有较少股权的情况下获得控制权,除了前述设计特别投票权,还可以考虑搭建持股平台来实现。

1) 组建有限合伙制的持股公司③

通过组建有限合伙制的持股公司,创业团队成员和核心员工为有限合伙人(LP,即出资人)、创始人为普通合伙人(GP,既是出资人,也是管理者),将创业者的股权和核心员工激励的股权集中到持股公司,在持股公司的章程中明确由创始人担任持股公司的法人代表,在创业公司的董事会里统一行使表决权,其他创业团队成员和核心员工只享有分红权。

与有限责任公司形式相比,持股公司采用有限合伙制更为有利,这是因为有限责任公司需要按照 25% 税率缴纳企业所得税,在向创业者和核心员工分红时还要

---

① 《试点创新企业境内发行股票或存托凭证并上市监管工作实施办法》中国证券业监督管理委员会公告〔2018〕13 号。

② 1998 年 9 月,佩吉和布林创立谷歌公司(Google Inc.),其时股权一人一半。2001 年施密特加入,并任谷歌 CEO。谷歌经历了从天使投资到风险投资等多轮股权稀释。2004 年,谷歌在纳斯达克上市,近 2 000 名员工获得配股,佩吉、布林、施密特,作为公司创始人持有 B 类股票,每股 B 类股票相当于 A 类股票 10 股的表决权,从而极大地保全了创始人在公司的地位。2012 年,谷歌又增加了不含投票权的 C 类股用于增发新股。这样,即使总股本继续扩大,即使创始人减持了股票,也不会失去对公司的控制权。2015 年,佩吉、布林和施密特持有的谷歌股票低于总股本的 20%,但仍拥有近 60% 的投票权。

③ 华为公司是 1987 年在深圳成立的一家高科技公司,凭借着 5G 技术优势,华为遥遥领先诺基亚、爱立信等传统通讯厂商,领跑全球。华为创始人是任正非,1990 年华为公司开始了员工的持股计划。经多年发展,约 10 万名员工获得了华为公司的股份。在华为公司,员工的股权都是由持股会(华为投资控股有限公司工会委员会)代持,占华为股份总额的 98.99%,创始人任正非个人只拥有华为 1.01% 的股权,即使如此,任正非仍然是华为公司的实际控制人。这不仅仅是因为任正非拥有一票否决权,更重要的,员工所持的股份,只有分红权,没有表决权。

缴纳 20% 的个人所得税，这就存在一个双重征税问题。而有限合伙形式，则可以直接穿透免除有限责任公司 25% 的企业所得税，只需要缴纳个人所得税。

2）委托表决权机制

委托表决权是另一种由创始人集中行使表决权的制度安排。委托表决权通过持股人与创始人之间的协议，将持股人表决权委托给创始人行使，从而增加创始人在创业公司的表决权，以实现创始人对创业公司的控制目的。

委托投票权协议通常是在创业团队成员与创始人、核心员工与创始人之间签订，有时也可以在天使投资与创始人之间签订[1]。

证监会 2016 年第 23 号公告《上市公司章程指引（2016 年修订）》规定，"股东可以亲自出席股东大会，也可以委托代理人代为出席和表决"（第五十九条）。

3. 一致行动人方案

根据中国证券监督管理委员会令（第 108 号）《上市公司收购管理办法》第八十三条规定，"一致行动，是指投资者通过协议、其他安排，与其他投资者共同扩大其所能够支配的一个上市公司股份表决权数量的行为或者事实"。

创业公司的股东，如果充分认同创始人在公司发展、文化理念等，可以运用口头约定或协议的方式，与创始人实现在公司某些重大事件上采取一致行动，当意见不一致时，则跟随创始人行使表决权，从而实现创始人对对创业公司的控制[2]。

一致行动人与投票权委托不同，投票权委托是委托人将所持股票的投票权委托受托人全权代理，而一致行动人指的是针对特定事项，共同行使投票权。

4. 守住重大事项否决权底线

对创业公司控制权的另一个表现是一票否决权，创始人必须考虑保留重大事项的否决权。当创业公司在未来发展中出现的可能会影响创始人控制权的事项、导致创业公司遭遇为创始人所不能容忍的重大风险事项，如合并、分立、解散、融资

---

① 马化腾创业初期，有两家风投公司（IDG 和香港盈科数码）分别向腾讯投了 220 万美元，各占了腾讯股权的 20%，马化腾及其团队占 60%。2001 年，香港盈科把自己手里全部的腾讯股权以 1 260 万美元卖给了 MIH 公司（米拉德国际控股集团公司，一家南非的传媒公司），后来 IDG 也将 13% 的腾讯股权卖给了 MIH 公司。2004 年腾讯在中国香港上市后，创始人团队占腾讯股权的 37.5%（马化腾个人持股约 14.43%）、MIH 占 37.5%、南非联合银行占 10.43%。基于对腾讯创业团队的信任，两家南非股东与马化腾签订了"只分红不投票"的协议，将投票权委托给腾讯的创业团队。

② 星奥股份（430574）是一家在新三板挂牌的上市公司，杨亚中、李明勇、陈斌三人共同为公司的控股股东，分别占有 34%、33% 和 33%，3 人合计持有公司股份 1 000 万股，占公司总股本的 100.00%。为保证公司控制权的持续、稳定，三人于 2012 年 12 月 25 日签署了《一致行动协议》，约定在向股东大会和董事行使提案权以及相关表决权时保持充一一致，有效期 5 年。协议约定：任何一方拟向董事会或股东大会提出议案时，应当事先与另两方充分沟通，如另一方有异议，三方均应当做出适当让步，在三方共同认可后，以其中一方的名义或三方的名义向董事会或股东大会提出，并对所提的议案做出相同的表决意见。

或上市等,创始人可以动用一票否决权,来把控公司的发展方向。

保留对公司重大事项的一票否决权,对于创始人不能完全掌控创业公司完全控制权的情况下,尤为关键。随着创业公司的迅速扩张,外部资本的引入不可或缺,资本的嗜血逐利本性必然对创始人控制创业公司的能力产生不可逆转的稀释效应,在很多情况下,创始人及最初的创业团队成员的控制权会被逐渐剥夺,变成小股东,甚至被净身出户,为此,创业者必须牢牢地守住最后的底线,这就是保留重大事项的否决权①。

5. 公司章程中的安排创业者保护条款,董事提名权、董事职数保护

公司章程是公司"宪章",是在不违反外部相关法规的前提下,对公司基本和重大事项的规范。创业者应当利用公司创始人这一得天独厚的条件在公司章程里"埋下"对创业者的保护性条款,包括提名权与董事比例、表决权与表决程序、重大事项的否则权等。

原则上,有限公司是同股同权,但是可以在公司章程中约定同股不同权,避免外来资本进入决策权被稀释。《公司法》第四十三条中对有限责任公司的"股东会会议由股东按照出资比例行使表决权;但是,公司章程另有规定的除外",公司章程另有规定除外的规定,可以在公司章程中将分红权与投票表决权分开,授予创始股东更多的投票表决权,即超级投票权。

由于在股份公司的董事会内部是实行一人一票制的,所以创业者和其代理人有权进入公司董事会,是实现对董事会控制从而控制公司的重要路径,为此就需要在公司章程中明确地约定董事提名权及董事提名比例②。

创始人否决权是一种消极防御性的策略。在公司章程中可以规定,对于公司

---

① 1987年黄光裕在北京创立以经营家用电器为主的中国第一家连锁零售公司,于2004年6月在中国香港上市。2008年,黄光裕因为涉嫌经济犯罪入狱,失去人身自由及公司控制权。2009年由陈晓等管理层主持经营并掌握控制权,并引进美国私人资本贝恩资本。2009年年报显示,黄光裕家族为第一大股东,持有国美电器33.98%股份;贝恩资本为第二大股东,持有10.81%;陈晓及其管理团队持有1.38%,属于小股东。此后贝恩资本又通过债转股的方式进一步增持,陈晓等又计划增发20%,意在将黄光裕家族的股份减至30%以下。按照相关法规,如果黄光裕家族的股权少于三分之一,将不再具有对重大事项的否决权,此其一;其二,如果进一步降到30%以下,当再次增持至30%,将构成要约收购。于是,2010年大股东与管理团队在股东大会这个舞台上展开了一场惊心动魄的股权争夺战。黄光裕家族向股民大打悲情牌、道德牌、民族牌,并筹集巨资在二级市场大量收购国美股票,黄光裕持股总量再次增至35.98%,在股东大会中的话语权进一步加强,陈晓方面则就黄光裕在股票回购事宜中违反公司董事的信托责任及信任的行为直接向中国香港高等法院正式起诉,并追偿由上述违反行为导致公司所遭受的损失。8月4日,黄光裕家族提议召开临时股东大会,罢免陈晓。2011年3月,陈晓辞去董事局主席一职。

② 阿里巴巴是一家以电子商务为主的新兴企业。该公司有一个"合伙人委员会",由公司创始人马云等5人组成。在对公司董事会成员的提名上,阿里合伙人拥有50%的提名权,如果合伙人的提名不通过,合伙人有权指定临时过渡董事来补缺,直到通过为止。此外,公司章程还明确规定:如果要修改章程中关于合伙人提名权和相关条款,必须要在股东大会上得到95%的到场股东或委托投票股东的同意。

的重大事项,没有创始人的同意的情况下,表决不通过,这对于创始人的股权低于50%的时候,保持创始人对公司发展重大节点的控制力,是一个很好的防御性策略①。

 扩展阅读

宝能与万科的控制权之争

从2015年1月开始,姚振华控制的宝能系对以王石为首的管理层控制的万科展开了一场轰轰烈烈的收购大战。7月10日,宝能系增持万科股份比例达到5%,到达举牌线,由此宝能系正式举牌万科。14天后,宝能系继续增持万科股份,持股比例达到14%,第二次举牌。8月26日,宝能系第三度举牌,持股比例达到15.04%,超过原有第一大股东华润集团,成了事实上万科的第一大股东。12月18日,万科为应对"野蛮人入侵"宣布正式停牌。2016年3月12日,万科正式引入深圳地铁集团下文简称深地铁作为战略合作伙伴。2017年1月12日,在持股万科17年后,华润将持有的万科全部股权,以22元/股价格协议转让给深地铁。1月13日,宝能表示欢迎深地铁,同时首次正式声明自己财务投资者身份。至此,"宝万之争"正式落下帷幕。

历时两年多的"宝万之争"虽然已经结束,但这一场经典的控制权争夺案例引起社会极大关注的同时,也是在给全民上了一场大型的完善公司治理结构的课程。

万科是仅存最早的上市公司,深圳"老五股"之一,万科创造了巨大的财富,和它原来初创时期产值增长了大概40多倍。万科有一个优秀的管理团队,这个团队是以创业者王石、郁亮为主,对万科的发展发挥了极其重要的作用。为什么发生宝能收购万科事件?首先是万科企业做得很好,尤其是房地产业务做得非常好,成了明星企业,引起了社会的高度重视。当然以王石为首的管理团队也存在一些问题,他们以创业者自居,对股东尊重不够,尤其是没处理好与大股东的关系,也没有很好地保护中小股东的利益。所以万科是有危机的,万科既有公司股权结构问题,也有代理问题。

一、公司股权结构

公司股权结构是股东所持的股份占公司股本的分布情况。典型的中国企业是股权集中的,也有少部分企业是股权分散的,这一方面是由于中国企业发展的时间较短,大都是家族企业,股权都集中在家族手中;另一方面是由于中国经过了特殊

---

① 刘强东是京东的创始人,根据京东章程规定,在刘强东不在场的情况下,董事会不得举行正式会议,除非他自己回避。京东甚至明确指出"任何违背他意愿的限制"都不应成为这条规则的例外,除非他精神或身体永久丧失能力。

的国有企业改革过程,国有股占据很大的比重。此次"宝万之争"之所以能发生,就是因为万科股份比较分散,在"宝万之争"前,万科最大的股东华润集团仅持有15%左右的股份。大量的股份为散户所持有,这就给了宝能系可乘之机,甚至在"宝万之争"的后期,出现了华润反水的"三国杀"。

万科之所以形成现在分散的股权结构,是万科董事长王石的个人选择。他在市场化初期,选择了做职业经理人的道路,从而为万科埋下了隐患。早在"宝万之争"之前,万科就曾于1994年遭遇过君安证券收购万科股权的危机——"君万之争"。当时的万科管理层也是由于股权分散,差点丧失控制权。之后,万科从"君万之争"吸取了教训,引进了华润集团,让华润成为抵制资本市场的屏障。随着中国资本市场的发展,出现了越来越多的资本大鳄,华润集团仅有的15%的优势已经不能满足单一优势股东的安全保障。

股权分散的企业是否无法摆脱被"野蛮人"恶意收购的风险? 在传统的同股同权的制度设计下,这种风险是难以避免的。随着新经济的蓬勃发展,为了满足稀缺"企业家"资源的需求以及创始人对于控制权的需求,出现了双层股权制度。双层股权的含义是存在同股不同权现象,企业创始人或者管理团队持有的股票可以拥有更多的投票权,谷歌、Facebook、京东以及阿里巴巴等新经济企业都采用这种股权结构设计,这样就可以保障创始人或者企业管理层在股权分散的情况下依然可以掌握企业的控制权,从而维持企业的稳定。此外,创业者可以在公司章程中写入防止恶意收购条款,如"金色降落伞"、董事提名权限制等,做好事前的预防工作。

二、代理问题

委托代理问题是企业理论的核心问题之一。万科管理层之所以能够在这场"宝万之争"收购战中胜出,关键原因在于万科管理层是个优秀的代理方,管理水平受到业界称赞。万科管理层作为代理方,代理股东对企业进行管理,目标是最大化股东利益。"宝万之争"中,万科管理层始终站在企业未来发展的角度,对于宝能系的收购要求给予坚决的回绝。万科管理层认为,宝能系作为一个以金融发家,在地产领域的积累不深的"暴发户"企业,不能给予万科所想要的帮助。宝能系的收购不利于万科未来的发展,因此不适合作为万科的大股东。正是万科管理层对于企业未来发展的高度责任感与使命感,才使得万科在整个"宝万之争"中占据舆论的高点,获得了最终的胜利。

与此同时,万科也存在一定的代理问题。万科的管理团队没有很好地解决好和股东的关系,这是万科管理层存在的致命问题。首先是市值管理问题。万科管理层对于万科市值管理存在一定的缺失,导致作为中国房地产龙头企业的万科,其股价一直低迷,这直接损害了中小股东的利益。其次是信息披露问题。在"宝万之

争"中,华润集团的"反水"有一部分原因是万科私自进行的资管计划。万科的资管计划类似管理层收购,是万科管理层对万科自身股份的收购计划,旨在加强管理层对于公司的掌控,避免外界资本的收购。由于万科没有事前信息披露,而是长期低调进行,引起了社会上的猜疑,大家纷纷指责万科管理层压低股价是为了降低资管计划的成本,被人指为内部人控制,存在管理层自肥问题。

"宝万之争"可能是自中国股市诞生以来最为波澜壮阔、情节曲折的资本故事,给忽视治理结构的公司决策层敲响了警钟。

宝能为什么收购万科?是看到了万科的市场价值,看到了万科品牌,是为了获取万科的控制权、管理权,按自己的意志来改造万科。

在股份公司,谁掌握了大股权就掌握了控制权,资本有决定的话语权。对资本要尊重与敬畏。公司最高权力机构是股东大会或股东代表大会,管理团队只是公司的经营者。当宝能成功收购万科股份成为第一大股东后,就有权提出更换管理层,管理层必须接受这个残酷的现实。

创业初期的管理者及其团队既是公司管理者、经营者,又是公司所有者,此时股权集中。随着公司的发展壮大,外部投资者分批大量进入,成了公司股东,创业者的股权被稀释,对公司的控制权被削弱甚至被剥夺。资本血洗管理层的故事比比皆是,乔布斯都曾遭血洗、国美股权之争中陈晓最终出局。

创业公司尤其是上市公司都应当有反收购计划。万科后期引进"白衣骑士"——深圳地铁公司,就是一个有效的反收购措施。创业公司应当考虑包括"金色降落伞""白衣骑士"和"毒丸计划"在内的有效的反收购屏障来抵御外部资本的恶意收购。

创业有功,但不能变成创业者的包袱。任何成功的创业者都不能以名人、老大自居。必须明白,辉煌过后必是暗淡,人总有退出江湖之日,是华丽转身,还是被逼下马,都是创业者自己的选择。

（本文是根据任思行的博客文章 http://blog.sina.com.cn/u/2735561742 以及其他互联网资料整理）

第五章

创业收成期的融资管理

收成是成功与收获,创业者的创业收成,既包括精神收成,如创业心得、社会地位、人脉关系等,也包括财富收成,即实现的财务收获。创业者通过创业,选择适当的时机以适当的方式退出,获得所期望的财务收获,是本章讨论的主要问题。

第一节 创业收成期的融资管理任务

一、必须正视创业的退出

创业的动机各种各样,有的是为了生活需要,有的是为了自我价值实现,有的是兴趣爱好使然,还有的却是无心插柳,但创业的最终结果都是为了收获。从创业者的结局看,收获满满、成功欢庆的凤毛麟角,更多的是在中途黯然离场或者在最后无奈退出,有的甚至损失惨重。

企业有从创业到发展、高潮到结束的生命周期,创业过程也一样逃不出这一生命周期率,理性的创业者应当在创业初期就应该思考如何退出、什么时候退出的问题。但不幸的是,绝大多数创业者都不去思考这一不可回避的问题。

基于创业者价值最大化,创业公司的财务管理者必须正视创业退出。

(一)正视创业退出可以让公司卖个好价钱

创业公司最后必须出售,怎样才能卖个好价价钱? 如果创业者一开始就思考这一问题,那必然会照着这个方向去规划创业公司的发展方向。创业者创立公司是为了卖个好价钱,但切记好价钱是指,在准备卖的时候,公司是让人买的,不是用来卖的。要想卖个好价钱,不要等到公司陷入困境,资金链行将断裂的时候再想着如何把公司卖出去,而是要在公司发展最辉煌、前景一片光明的时候及时出售。为此,必须做到以下几点。

1. 抢占盈利最丰厚的市场

创业公司要尽快抢占盈利丰厚的市场,要在尽可能短的时间里实现盈利,并保持这一盈利优势,才能得到比较好的估值,让买家能看到购买创业公司的实惠。

2. 培育有竞争力的核心技术

核心技术是商场制胜的关键,创业公司拥有核心技术,就容易受到买家的青睐,特别是在某一领域具有独占性的技术,是能够卖个好价钱的重要基础。

3. 占领市场资源

市场资源是盈利的前提,是公司价值的基础,创业者通过新设公司进入一个新的市场后,要迅速占领市场资源,如客户资源、供应商资源、渠道与平台资源、产品与服务资源等,创业公司要尽快通过扩张、并购、联盟等方式,尽快打通上下游供需链,构建合理的商业模式。

4. 关注潜在买家

卖个好价钱,关键还是买家。创业者要时刻关注潜在买家的情况,潜在的买家可能是同行业的竞争者,也可能是相关行业更大的"玩家",还可能是准备进入这个行业的客户、供应商等。创业者要关注潜在买家的嗜好,培育其兴奋点。

(二)正视创业退出可以让创业者合理选择退出时机

有一个准备退出的心理准备,创业者才能有效地选择退出时机,才不会为创业成就而苦苦地坚持,功成身就退,当买家的出价达到创业者的心理预期,创业者就可以考虑将自己的"宝贝"公司出售,进而开启下一段创业历程。

一个好的创业者不应死守自己无法助力发展的创业公司,而是在公司达到其合理价位时适时易手,果断出让,让有能力推进公司发展的投资者来接盘。作为创业者的企业家,应该是不断创业的企业家,每一次主动退出都是一次创业价值的变现过程。

(三)正视创业退出可以让创业者从容应对创业进程中的困难

绝大多数成功的企业都经历过九死一生,创业也不可能一帆风顺,面对创业进程中的资金、人才、技术、产品、服务、市场、客户、供应商方方面面的困难,创业者要做到气定神闲、从容应对,必须心中有数,这个"数"就是在达到预期价值后的适时出售。

创设公司令人兴奋、公司发展令人激动,同样,公司的成功变卖也是一次华丽转身,有这样的心态,公司运行中的困难,那只是一段小小的插曲而已,创业者才不会忙乱、公司的运行才不会混乱。创业融资管理要做的工作是有条不紊地退出,而不是惊慌失措地溃败。

二、创业者财务收益最大化

(一)财务收益最大化

创业融资作为财务管理的一部分,始终贯彻创业者财富最大化准则。

在创业融资中,必须始终有一个"公司是用来卖的"观念。创业者成立公司,一方面是通过公司的经营实现收益,获得公司的利润;另一方面,公司本身也是创业者的产品,是有市场价值的"商品",如同养猪[①],把猪养大了养肥了,是为了卖出去,卖个好价钱。要卖个好价钱,一是要找准时机,二是要合理估价。

(二)创业者继续保持对创业公司的控制权

创业者退出是为了追求最大化财务目标,但在有些情况下,能够继续保持创业者对创业公司的控制权也是退出时的重要目标。

在采用公开市场发行股份的方式退出时,创业者需要释放出一部分股份上市交易,且所持的股份在短期内不能完全退出[②],为此,绝大多数创业者都会试图继续保持对上市后创业公司的控制权。这是因为,第一,上市后的一定期间里,创业者并没有真正退出所创立的公司;第二,为了顺利实现后续退出,创业者应当继续掌控公司的主导权,保持公司继续稳定的发展势头,从而能够在以后能够以较好的价格出售所持股份;第三,毕竟公司是创业者亲手创立的,多多少少会有一些不舍的情愫,创业者希望在公司里不仅仅是参与者,更希望是个掌舵者。

---

① 养猪论认为,一等创业者是把自己创立的公司当猪来养,养肥了就在市场上出售,争取卖个好价钱;二等创业者把企业当孩子养,孩子优秀父母高兴,孩子遭遇挫折了,父母出手相助,孩子长大了要结婚要成家,还好,这类创业者允许别人来"入股";三等创业者则不同,他们把自己创立的企业看成是自己的配偶,任何时候都不允许其他人来参与。

② 上海证券交易所和深圳股票交易所对股票上市的规定是:发行人申请股票上市时,控股股东和实际控制人应当承诺:自发行人股票上市之日起三十六个月内,不转让或委托他人管理其已直接和间接持有的发行人股份,也不由发行人收购该部分股份;发行人在刊登招股说明书之前十二个月内进行增资扩股的,新增股份的持有人应当承诺:自发行人完成增资扩股工商变更登记手续之日起三十六个月内,不转让其持有的该部分新增股份。

第二节 公司的上市

一、IPO 与买壳上市

公司上市是指股份公司在公开资本市场①发行股票,其股票在市场公开交易。IPO 是指首次公开发行股票,通过在资本市场公开发行股票,公司可以获得真正的市场定价。

买壳上市是指创业公司通过注入资产或者换股等形式获得一家已上市的股份公司(此时,以上市公司称为"壳")一定程度的控股权,利用其上市公司地位(壳资源),使创业公司的资产获得上市通道。

(一) IPO

1. IPO 条件

1) 股份有限公司

公开发行股票,首先必须是股份有限公司。股份有限公司是指公司资本被平分为金额相等的股份的公司,根据《公司法》的规定,设立股份有限公司,应当有 2 人以上 200 以下为发起人,注册资本的最低限额为人民币 500 万元。

创业公司通常一开始多采用有限责任公司或合伙企业的形式,如果创业公司准备 IPO,则必须首先要对公司进行改制,转变为股份有限公司形式。

2) 股票的发行与上市条件

股票的发行与上市条件,在《中华人民共和国证券法》,证监会的《首次公开发行股票并上市管理办法》《首次公开发行股票并在创业板上市管理办法》《科创板首次公开发行股票注册管理办法(试行)》《科创板上市公司持续监管办法(试行)》,上海和深圳交易所的《上海证券交易所股票上市规则(2014 年修订)》《深圳证券交易所股票上市规则(2014 年修订)》和《深圳证券交易所创业板股票上市规则(2014 年修订)》等中做了明确规定。这些规定概括起来包括公司治理要求、生产经营要求、

---

① 资本市场通常是指进行中长期(一年以上)资金(或资产)借贷融通活动的市场,又称长期资金市场。由于在长期金融活动中,涉及资金期限长、风险大,具有长期较稳定收入,类似于资本投入,故称之为资本市场。

我国目前已经形成了包括场内交易市场和场外交易市场在内的多层次资本市场,其中场内交易市场是指在证券交易所内完成交易的资本市场,有固定的交易时间和固定的场所,有规范的交易规则,主要有主板(含中小板)、创业板(二板)和科创板;场外交易市场是在证券交易所外实施交易的资本市场,包括全国中小企业股份转让系统(新三板)、区域性股权交易市场(产权交易市场)、证券公司主导的柜台市场等。

财务要求以及相关法律要求,表5-1对股票首次公开发行和上市条件的上述规定进行了提炼归纳。

目前创业公司可以选择在主板市场、中小板市场、创业板市场和科创板市场发行和上市交易股票①。其中,主板、中小板和创业板采用核准制,由监管部门对公司股票的发行和上市交易的资质进行审核,符合条件的创业公司才被允许在股票交易市场正式发行并上市交易。科创板则是面向世界科技前沿、面向经济主战场和国家重大需求,符合国家战略、拥有关键核心技术、科技创新能力突出,主要依靠核心技术开展生产经营、具有稳定的商业模式、市场认可度高、社会形象良好、具有较强成长性的公司股票交易市场,采用注册制管理模式。其核心要求是发行人提供的材料不存在虚假、误导或者遗漏,监管机构的职责是对申报文件的全面性、准确性、真实性和及时性做形式上的审查,不对发行人的资质进行实质性审核和价值判断,发行公司股票的价值留给市场来决定。

---

① 主板、中小板、创业板、科创板和新三板。

主板也称为一板市场,指传统意义上的证券市场(通常指股票市场),为大型蓝筹公司提供融资服务。我国大陆主板市场分为上海主板和深圳主板,分别在上海证券交易所和深圳证券交易所交易,主板市场上市门槛较高,对发行人的营业期限、股本大小、盈利水平、最低市值等方面都具有较高要求。通常能在主板上市的多为大型成熟企业,或处于某个行业的龙头地位,具有较大的资本规模和稳定的盈利能力。

中小板设在深圳证券交易所,是主板市场的一个组成部分,中小企业板块运行所遵循的法律、法规和部门规章,与主板市场相同,上市公司须符合主板市场的发行上市条件和信息披露要求。在中小板上市的企业,发行规模相对较小,行业地位通常没有主板上市企业那么高,但部分企业成长性较强,上市后快速发展,一跃成为行业龙头,市值也迅速攀升。2021年4月6日,中小板与深圳主板正式合并。

创业板又被称为二板市场,设在深圳证券交易所,是为具有高成长性的中小企业和高科技企业融资服务的资本市场。创业板市场是不同于主板市场的独特的资本市场,与主板市场相比,在创业板市场上市的企业规模较小、上市条件相对较低,中小企业更容易上市募集发展所需资金。

科创板是我国首个实行注册制的场内市场,设在上海证券交易所,主要服务于符合国家战略、突破关键核心技术、市场认可度高的科技创新企业。科创板上市企业普遍具有技术新、研发投入规模大、盈利周期长、技术迭代快、盈利能力不稳定以及严重依赖核心项目、核心技术人员、少数供应商等特点,企业上市后的持续创新能力、主营业务发展的可持续性、公司收入及盈利水平等具有较大不确定性。科创板重点关注三类企业,一是符合国家战略、突破关键核心技术、市场认可度高的科技创新企业;二是新一代信息技术、高端装备、新材料、新能源、节能环保以及生物医药等高新技术产业和战略性新兴产业的科技创新企业;三是互联网、大数据、云计算、人工智能和制造业深度融合的科技创新企业。另外,科创板竞价交易的涨跌幅限制为20%,对于首次公开发行上市的股票,上市后前5个交易日不设置涨跌幅限制。

新三板属于场外交易市场,为全国中小企业股份转让系统,位于北京金融街,又称北京证券交易所,主要为创新型、创业型、成长型中小微企业发展服务,是创新型小微企业直接融资的重要平台,尤其是对于既无法满足银行信贷审核要求,也无法满足A股上市条件的小微企业。境内符合条件的股份公司均可通过主办券商申请在新三板挂牌,公开转让股份,进行股权融资、债券融资、资产重组等。

表 5-1　股票首次公开发行和上市条件(简略)

条件	主板、中小板	创业板
公司治理	(1) 存续期 3 年以上 (2) 具有完善的公司治理结构,依法建立健全股东大会、董事会、监事会以及独立董事、董事会秘书、审计委员会制度,相关机构和人员能够依法履行职责	(1) 存续期 3 年以上 (2) 依法建立健全股东大会、董事会、监事会、独立董事、董事会秘书制度,相关机构和人员能够依法履行职责
生产经营	(1) 最近 3 年内主营业务和董事、高级管理人员没有发生重大变化,实际控制人没有发生变更 (2) 最近 3 年主营业务没有发生重大变化,且主要经营一种业务	(1) 最近 2 年内主营业务和董事、高级管理人员均没有发生重大变化,实际控制人没有发生变化 (2) 最近 2 年主营业务没有发生重大变化,且主要经营一种业务
财务	(1) 会计基础工作规范,财务报表的编制符合企业会计准则和相关会计制度的规定,在所有重大方面公允地反映了财务状况、经营成果和现金流量,注册会计师出具了无保留意见的审计报告 (2) 发行前股本总额不少于 3 000 万元,发行后股本总额不少于 5 000 万元 (3) 最近 3 个会计年度净利润均为正数且累计超过人民币 3 000 万元 (4) 最近 3 个会计年度经营活动产生的现金流量净额累计超过人民币 5 000 万元;或者最近 3 个会计年度营业收入累计超过人民币 3 亿元 (5) 最近一期末无形资产(扣除土地使用权、水面养殖权和采矿权等后)占净资产的比例不高于 20%;最近一期末不存在未弥补亏损	(1) 会计基础工作规范,财务报表的编制和披露符合企业会计准则和相关信息披露规则的规定,在所有重大方面公允地反映了发行人的财务状况、经营成果和现金流量,并由注册会计师出具无保留意见的审计报告 (2) 发行"后"股本总额不少于 3 000 万元 (3) 最近 2 年连续盈利,最近 2 年净利润累计不少于 1 000 万元或最近 1 年盈利,最近 1 年营业收入不少于 5 000 万元 (4) 最近一期期末净资产不少于 2 000 万元,且不存在未弥补亏损
法律	(1) 不存在重大偿债风险,不存在影响持续经营的担保、诉讼以及仲裁等重大或有事项 (2) 股权清晰,控股股东和受控股股东、实际控制人支配的股东持有的发行人股份不存在重大权属纠纷 (3) 最近 36 个月内不存在违反工商、税收、土地、环保、海关以及其他法律、行政法规,受到行政处罚,且情节严重(包括但不限于)	发行人及其控股股东、实际控制人最近 3 年内不存在损害投资者合法权益和社会公共利益的重大违法行为(包括但不限于)

根据证监会《科创板首次公开发行股票注册管理办法(试行)》的规定。在科创板公开发行股票并上市交易的,应当符合下列条件:

(1) 发行人是依法设立且持续经营 3 年以上的股份有限公司,具备健全且运行良好的组织机构,相关机构和人员能够依法履行职责。

有限责任公司按原账面净资产值折股整体变更为股份有限公司的,持续经营时间可以从有限责任公司成立之日起计算。

(2)发行人会计基础工作规范,财务报表的编制和披露符合企业会计准则和相关信息披露规则的规定,在所有重大方面公允地反映了发行人的财务状况、经营成果和现金流量,并由注册会计师出具无保留意见的审计报告。

发行人内部控制制度健全且被有效执行,能够合理保证公司运行效率、合法合规和财务报告的可靠性,并由注册会计师出具无保留结论的内部控制鉴证报告。

(3)发行人业务完整,具有直接面向市场独立持续经营的能力。

资产完整,业务及人员、财务、机构独立,与控股股东、实际控制人及其控制的其他企业间不存在对发行人构成重大不利影响的同业竞争,以及严重影响独立性或者显失公平的关联交易。

发行人主营业务、控制权、管理团队和核心技术人员稳定,最近 2 年内主营业务和董事、高级管理人员及核心技术人员均没有发生重大不利变化;控股股东和受控股股东、实际控制人支配的股东所持发行人的股份权属清晰,最近 2 年实际控制人没有发生变更,不存在导致控制权可能变更的重大权属纠纷。

发行人不存在主要资产、核心技术、商标等的重大权属纠纷,重大偿债风险,重大担保、诉讼、仲裁等或有事项,经营环境已经或者将要发生的重大变化等对持续经营有重大不利影响的事项。

(4)发行人生产经营符合法律、行政法规的规定,符合国家产业政策。

最近 3 年内,发行人及其控股股东、实际控制人不存在贪污、贿赂、侵占财产、挪用财产或者破坏社会主义市场经济秩序的刑事犯罪,不存在欺诈发行、重大信息披露违法或者其他涉及国家安全、公共安全、生态安全、生产安全、公众健康安全等领域的重大违法行为。

董事、监事和高级管理人员不存在最近 3 年内受到中国证监会行政处罚,或者因涉嫌犯罪被司法机关立案侦查或者涉嫌违法违规被中国证监会立案调查,尚未有明确结论意见等情形。

2. 创业公司 IPO 注意事项

创业公司发行股票并上市,有两个目的,一是利用公开资本市场实现巨额融资;二是通过公开市场交易,完成投资退出。为此,必须重点关注以下事项。

1)选好券商

券商或投资银行(以下简称券商)是证券市场上最重要的中介机构,且熟知股票及其交易的相关规则。所以创业公司如果计划发行股票并上市交易,首先需要借助券商的专业能力与专业服务。券商对拟上市创业公司的专业服务通常包括公司改制与规范、上市辅导、申报与审核、保荐与承销和发行上市等。

（1）公司改制与规范。公司创设初期一般多采用合伙企业或有限责任公司的形式，按照规定必须进行股份制改造，转变为股份有限公司。在公司改制过程中，必须对公司的各类业务关系进行规范，要厘清股权关系、债权债务关系、产权关系、与关联企业的同业竞争关系，规范账务和公司决策程序、完善各项管理制度等公司治理规范。

（2）上市辅导。上市辅导是由券商主导、对拟上市创业公司的董事、监事、高级管理人员、大股东与实际控制人、中层管理人员、业务骨干和核心团队成员等进行的，有关熟悉证券市场运行规则、树立规范动作意识的专业性辅导。

（3）申报与审核。创业公司拟上市前，必须经过证券监督管理委员会（简称证监会）的审核，申报资料的制作至关重要，包括招股说明书等全套申报材料的准备。创业公司可借助券商的专业服务来完成，材料制作完成后，需要及时向证监会提交。经过证监会的见面陈述、初审反馈、发审会问答及审核，最后取得发审会的发行批文，完成审核流程。

（4）保荐与承销。保荐是指上市推荐，券商作为公司上市的保荐人，必须对递交证监会申报材料的真实性、准确性和完整性负责，并在上市后负有持续督导的义务。创业公司通过证监会的发行批文后，需要正式发行公司股票并组织上市交易，此时需要以券商为主组织承销商，负责对公司发行股票的销售事宜，在包销模式下，承销商需要对未能售出的股票自行购入。

（5）发行上市。在股票进入发行上市阶段，券商负责组织路演将公司向公众推介，树立公司形象，激发投资者热情。同时通过路演，发布公司投资价值分析报告，完成公司股票的市场询价。另外，券商还负责组织公司高层与证券交易所对接沟通，实现股票在证券市场最后上市交易。

创业公司在整个IPO过程中，券商作用极其重要，面对各类券商，创业公司必须选择适合自己的券商，不同券商在专业水平、工作效率、业务相关性、收费标准等等方面都有差异，选择合适的券商，上市过程更快、上市费用更低、股票价格更理想。

2）加强信息披露管理

信息披露是拟上市和已上市公司的最重要事务之一，是能够保证将公司运营情况及时、准确、完整地传达给各类投资人的主要管道。不按规定披露公司信息，不仅会给外部投资人带来巨大损失，也会对公司自身带来无可估量的困难。

创业公司的信息披露，包括招股说明书、上市公告书、定期公告和临时公告等，信息披露必须做到客观真实、准确完整、及时有效。

客观真实是指不得有虚假记载,公司对外披露的信息必须是符合公司的实际,不得有任何虚假成分,更不能无中生有,不得用预测数据代替真实数据等。

准确完整是要求公开的信息要表达准确,不得使人产生误解,不得夸大缩小,信息的披露要完整,对所有重大事项必须如实披露,不得有任何遗漏,更不能选择性地披露对自己有利的信息。

信息披露中的及时有效是指当发生重大事件时,要及时公开披露,按照公平原则,上市公司的信息披露必须要同一时间面向所有投资者发布,不得选择性地对不同对象披露部分信息内容。

创业公司上市后的信息披露,董事长是公司信息披露的第一责任人,必须指定专人负责信息披露事宜;董事会秘书为公司信息披露的具体责任人,统一口径对外信息披露。

3) 确定上市时机

合适的上市时机,对股票发行的价格、推进公司治理与成长都会产生重大影响。通常,创业公司上市时机的选择应关注公司自身发展和外部资本市场状况两个方面的情况。

(1) 公司快速发展时机。创业公司进入快速发展时期,业务量迅速扩张、产能需求旺盛、资金需要量大增、公司内部治理需要规范与提升。创业公司在此时选择IPO,可以在资本市场募集大量资金,并通过上市公司的规范化动作管理,进一步提升和完善创业公司内部治理水平。

(2) 资本市场处于繁荣时期。资本市场受到经济形势、经济政策等方方面面的影响,当资本市场处于繁荣期时,投资者态度积极、股票交易活跃、市场估值水平高,且呈现出上升趋势。创业公司在此时选择 IPO,资本市场会给公司较好的估值,股票容易发行且能够获得较高的市场价格,能够募集到更多的资金。

(二) 买"壳"上市

1. 买"壳"上市的意义

创业公司购买一家上市公司一定的股份、注入自己的相关业务和资产,实现对上市公司的控制,间接实现上市,这就是买"壳"上市,此时被收购公司就是"壳"。创业公司通过买"壳"实现上市,好处很多。

1) 利用"壳"资源,绕过 IPO 门槛

如前所述,IPO 有着很高的门槛,创业公司由于成立时间、规模、财务实力、管理规范性等方面一时很难达到 IPO 的条件。因此在资本市场上,已经成功上市的公司就意味着经历过九死一生的上市历程,创业公司通过收购一家已上市公司,就可以绕过 IPO 的门槛,省了巨大的 IPO 成本开支。可见已经上市的公司就是一个

很有价值的"壳"资源,创业公司可以直接买"壳"实现上市。

2）降低上市成本、加速上市速度

上市前必须要进行股份制改造、评估师的资产评估、律师的法律鉴证、会计师的财务审计以及券商的上市申报与辅导等大量复杂的准备工作,时间漫长,用 3 年的时间走完上市路程也很常见。另外,包括券商在内的各种中介机构的专业服务,创业公司必须支付相当数额的服务费,特别是券商作为公司上市的保荐人,还会收取发行股票一定比例的承销保荐费。可见,通过买"壳"上市方式,创业公司将大大节省筹备工作和时间,节约中介机构费用。

2. 买"壳"上市注意事项

1）选一个好"壳"

"壳"是一种资源,是源于上市所具有的成本。公司上市首先是超过了上市的门槛;其次,为了实现上市,需要经过大量的前期筹备工作,包括与中介机构和证监会等的准备工作,需要花费大量的时间和费用最终才能获得上市资格,特别是在监管部门对上市资格进行严格审核的情况下,上市资格就成为一项非常有价值的资源。

如何选一个好"壳",是买"壳"上市的第一步。理想的"壳"应当具有的特征是,一方面"壳"公司所处行业应该是夕阳行业,业务增长缓慢,盈利水平微薄甚至亏损,这样收购的成本会相对低一些。与此同时,"壳"公司的股本规模较小,股权结构单一集中,易于协议转让,能够有效地控制收购成本,而且当创业公司完成收购后,还可以方便对其进行控制。

2）控制好买"壳"成本

控制买"壳"成本是能否成功实现买"壳"上市的关键。控制买"壳"成本的关键是避免在收购过程中出现市场炒作。

根据规定,当创业公司收购"壳"公司的股份达到 5% 起的 3 天内,必须向证券监督管理机构、证券交易所作出书面报告,通知被收购公司,并向社会公告,且在这 3 天内不得再继续买卖该上市公司股票,俗称"举牌"。此后每增加 5% 的股份,需要再次"举牌";当持有"壳"公司的股份达到该公司已发行股份 30% 时,继续增持股份的,应当采取要约方式进行,发出全面要约或者部分要约,即需事先向证券监督管理机构报送上市公司收购报告书。

由于买壳过程中的多次收购公告,很容易引起股票市场的跟风炒作,"壳"公司的股票价格会大幅上涨,从而抬高了买"壳"成本。如何控制好买"壳"成本是创业公司买"壳"上市的关键。一个常用的方法是尽量减少在二级市场公开收购,转而与"壳"公司的大股东私下进行谈判,通过协议方式实现股权受让,从而有效地避免二级市场的跟风炒作,降低买"壳"成本。

二、二级市场出售股份

（一）股份转让的规定

1. IPO前股份的锁定期

上市公司的控股股东、实际控制人及其关联方，持有的IPO前股份，自上市之日起36个月后才能在二级市场上公开交易。

其他普通股股东所持有的IPO前股份，自公司股票在证券交易所上市交易之日起一年内不得转让。

2. 减持规定

根据中国证券监督管理委员会〔2017〕9号公告《上市公司股东、董监高减持股份的若干规定》，上市公司控股股东和持股5%以上股东（以下统称大股东）、董监高等减持股份，以及股东减持其持有的公司首次公开发行前发行的股份、上市公司非公开发行的股份，通过证券交易所集中竞价交易减持股份，应当在首次卖出的15个交易日前向证券交易所报告并预先披露减持计划，减持计划实施完毕后，应在两个交易日内向证券交易所报告，并予公告。大股东在3个月内通过证券交易所集中竞价交易减持股份的总数，不得超过公司股份总数的1%。

3. 大宗交易

大宗交易是上市公司股东减持股份的一种有效方式。大宗交易是指交易规模（交易的数量和金额）非常大，远远超过市场的平均交易规模。大宗交易的交易时间为交易日集中竞价交易结束后的15：00～15：30进行，由买卖双方在当日最高和最低成交价格之间确定大宗交易的成交价格，买卖双方达成一致后，并由证券交易所确认后成交，大宗交易的成交价不作为该证券当日的收盘价。上市公司控股股东和持股5%以上股东及董事、监事、高级管理人员减持股份选择大宗交易方式进行，大宗交易相对隐蔽，不会直接冲击股价，交易费用较低，创业者可实现快速套现，还能够维护公司市场形象。

（二）必须关注税负

股份减持的税负。创业者减持股份需要缴纳个人所得税，现行税法规定，个人转让限售股取得的所得，按照"财产转让所得"，适用20%的比例税率征收个人所得税；个人在上海证券交易所、深圳证券交易所转让从股票市场取得的上市公司股票所得，免征个人所得税。

纳税是股份减持中绕不过去的坎，但创业者也可以事先的精心安排，通过税务筹划的方式减少一部分股份减持的所得税税负，通过协议转让或跨地区减持，是股份减持中最常见的税务筹划方式。

协议转让是通过与买方私下签订协议的方式转让所持的股份。基于纳税考虑,通常都会以较低的价格实现交易。或者,股票转让到买方手中后,变身成普通流通股,买方在持有该股票规定的时间后再在二级市场出售套现。协议转让方式多存在于利益相关方之间的股票交易,并受到监管部门的严格监管。

跨地区减持就是变更纳税地。现行所得税政策中,地方与中央按照 40% 和60% 的比例分成。有些地方政府为了吸引投资,对落户本地的部分企业(如高新技术企业、文化创意企业等)采用所得税返还或奖励的税收优惠政策,将属于地方财政的分成部分全部或部分返还(奖励)给落户的企业。这就为股份减持打开了通道,上市公司可以利用当地的税收优惠,在当地注册成立控股平台,有的直接注册为合伙有限企业,可以大大降低股份减持的整体税负。

假如 A 市甲公司计划以 49 200 万元的价格收购当地另一家乙公司 75% 的股权,乙公司股本总额 2 亿元(其中股东 X 公司为 75%,自然人股东万大山出资25%),净资产 2.5 亿元。本次收购甲公司支付给 X 公司 35 800 万元,占乙公司股份的 50%;支付自然人万大山 13 400 万元,占乙公司 25% 的股份。同时 A 市的丙公司计划以 8 400 万元收购 X 公司持有乙公司剩余 25% 股权,丙公司的股东为乙公司的管理层。

(一)税务筹划前的税负分析

1. 股东 X 公司的股权转让所得税

根据《国家税务总局关于贯彻落实企业所得税法若干税收问题的通知》(国税函〔2010〕79 号)文件的规定:股权转让所得是转让股权收入扣除为取得该股权所发生的成本后的余额。

(1)股东 X 公司转让给甲公司 50% 的股权部分,股权转让所得为:

$$向甲公司转让股权所得 = 35\,800 - 20\,000 \times 50\% = 25\,800(万元)$$

(2)股东 X 公司转让给丙公司 25% 的股权部分,转让价格明显偏低,由于丙公司的股东为乙公司的管理层,所以乙公司与丙公司属于关联关系,转让价格应调整为 16 400 万元(49 200 ÷ 75% × 25%),确认股权转让所得为:

$$向丙公司转让股权所得 = 16\,400 - 20\,000 \times 25\% = 11\,400(万元)$$

(3)股东 X 公司的股权转让所得税

股东 X 的股权转让所得应交并入 X 公司企业所得,一并计算缴纳企业所得税,如果 X 公司的所得税税率为 25%,则:

股东 X 公司应交股权转让所得税 = (25 800 + 11 400) × 25% = 9 300(万元)

2. 自然人股东万大山的股权转让的个人所得税

万大山应以股权转让收入减除股权原值和合理费用后的余额为应纳税所得额,按"财产转让所得"缴纳个人所得税。

万大山应交个人所得税 = (13 400 − 20 000 × 25%) × 20% = 1 680(万元)

3. 纳税筹划前税负总额

股权转让应交税款总额 = 9 300 + 1 680 = 10 980(万元)

(二)利用税收优惠政策税务筹划

如果 B 市正在招商引资,当地政府出台了股权转的税收优惠政策,对股权转让相关税收可将地方分成部分的 80% 以财政扶持资金的方式返还,此时可设计以下税收筹划方案。

1. 税收筹划方案——利用地方税收优惠政策

第一步:在 B 市成立由自然人王大拿持有 100% 股权的一人有限责任公司 P,注册资本 2.5 亿元,现金出资。

第二步:由 P 公司收购乙公司 100% 股权,收购价 2.5 亿元。

第三步:自然人王大拿将其在 P 公司的 75% 股权转让给 A 市的甲公司,价格 49 200 万元;将其在 P 公司的 25% 股权转让给 A 市的丙公司,价格 8 400 万元,丙公司的股东为乙公司的管理层。

2. 乙公司股东转让股份的税负分析

P 公司以 2.5 亿元收购乙公司 100% 股权后,乙公司的两个股东,X 公司和自然人股东万大山需要按规定计算缴纳股权转让所得税。

(1)股东 X 公司股权转让所得税

股东 X 的股权转让所得应并入其企业所得,一并计算缴纳企业所得税,如果 X 公司的所得税税率为 25%,则:

股东 X 公司应交股权转让所得税 = (25 000 − 20 000) × 75% × 25% = 937.5(万元)

(2)自然人股东万大山的股权转让的个人所得税

万大山应以股权转让收入减除股权原值和合理费用后的余额为应纳税所得额,按"财产转让所得"的 20% 缴纳个人所得税。

万大山应交个人所得税 = (25 000 − 20 000) × 25% × 20% = 250(万元)

3. 自然人王大拿将其在 P 公司的 100% 股权以 57 600 万元价格分别转让给 A 市的甲公司、丙公司的税负分析

（1）转让给甲公司股权所得应交个人所得税

王大拿将其在 P 公司的 75% 股权以 49 200 万元转让给甲公司，扣除获得股份成本后确定财产转让所得，并按 20% 的税率，向 B 市主管税务机关申报缴纳个人所得税。

$$向甲公司转让股份个人所得税 = (49\ 200 - 25\ 000 \times 75\%) \times 25\% = 6\ 090（万元）$$

（2）转让给丙公司股权所得应交个人所得税

王大拿转让给丙公司 25% 的股权部分，转让价格明显偏低，根据规定，应"参照相同或类似条件下同一企业同一股东或其他股东股权转让收入核定"。转让给丙公司 25% 的股权应该参照转让给甲公司的价格重新核定。

$$核定的转让价格 = 49\ 200 \div 75\% \times 25\% = 16\ 400（万元）$$
$$向丙公司转让股份个人所得税 = (16\ 400 - 25\ 000 \times 25\%) \times 20\% = 2\ 030（万元）$$

（3）自然人王大拿将其在 P 公司的 100% 股权以 57 600 万元价格分别转让给 A 市的甲公司、丙公司的总体税负

$$王大拿应向 B 市税务机关申报缴纳个人所得税 = 6\ 090 + 2\ 030 = 8\ 120（万元）$$

（4）自然人王大拿可以取得 B 市政府的税收返还

现行政策规定，对于所得税，中央与地方按照 60% 和 40% 的比例分成，根据 B 市的招商引资政策，自然人王大拿可以获得 B 市政府的税收返还。

$$王大拿获得的税收返还额 = 8\ 120 \times 40\% \times 80\% = 2\ 598.4（万元）$$

（5）自然人王大拿的实际税负总额

应交税款总额 = 8 120 - 2 598.4 = 5 521.6（万元）

4. 纳税筹划后税负总额

$$股权转让应交税款总额 = 937.5 + 250 + 5\ 521.6 = 6\ 709.1（万元）$$

经过纳税筹划，总体税负减少了 4 270.9 万元（10 980 - 6 709.1），节税率为 $38.897\% \left(\dfrac{10\ 980 - 6\ 709.1}{10\ 980} \times 100\% \right)$，效果很明显。

第三节 | 公司的出售

创业公司能够公开发行股票并上市是创业者实现创业收成的最佳途径，但绝大多数创业企业都走不到上市的那一天，如果公司有非常好的成长前景，被同行业

或上下游更大的玩家收购或者被管理层收购则是大概率事件。

一、"新三板"市场挂牌交易

（一）"新三板"交易市场

1. "新三板"是面向中小企业股权转让的场外交易市场

全国中小企业股份转让系统于 2013 年 1 月 16 日正式挂牌，俗称"新三板"，"新三板"交易系统所在地为北京金融街，可以为那些规模较小、数量众多的中小企业进行股权转让提供场外交易市场，是创业公司实现股权转让的重要平台。

《国务院关于全国中小企业股份转让系统有关问题的决定》明确"新三板"的定位主要是为创新型、创业型、成长型中小微企业的股权交易服务。由于中小微企业普遍规模较小、尚未形成稳定的盈利模式，所以"新三板"不设财务门槛，申请挂牌的公司可以尚未盈利，只要股权结构清晰、经营合法规范、公司治理健全、业务明确并履行信息披露义务的股份公司，都可以经主办券商推荐申请在"新三板"挂牌交易；与此同时，"新三板"实行了较为严格的投资者适当性制度，要求投资者具有较强的风险识别与承受能力，投资者本人名下最近 10 个转让日的日均金融资产 500 万元人民币以上，并具有 2 年以上证券、基金、期货投资经历，或者具有 2 年以上金融产品设计、投资、风险管理及相关工作经历等。

2. "新三板"挂牌流程

创业公司在"新三板"挂牌，需要进行股份制改造、主办券商尽职调查与督导等流程。

1）股份制改造

创业初期以合伙公司或有限责任公司形式居多，要在"新三板"市场挂牌，首先需要启动股份制改造工作，将创业公司整体改造为股份有限公司。股份制改造具体包括制定企业改制方案，形成股东会决议；聘请中介机构进行清产核资，对企业的各项资产包括债权债务进行全面清查，明确界定产权归属，委托资产评估机构进行资产评估；聘请具有法定资格的会计师事务所对企业改制前的资产、负债、所有者权益和损益进行审计；认缴出资，按照评估确认后的净资产以及新认缴注入资本折算股份；向工商行政管理部门申请登记，取得新的营业执照。

2）主办券商尽职调查与督导

主办券商自股份制改造开始就主导尽职调查，按照勤勉尽责、诚实信用的原则，通过实地考察等方法，对拟挂牌公司的内部控制、财务、风险、会计政策稳健性、持续经营能力、公司治理和合法合规等事项进行尽职调查，确信公司符合规定的挂牌条件以及推荐挂牌备案文件真实、准确、完整。主办券商负责对拟挂牌公司进行督导,协助其健全治理结构、规范经营活动,并对公司的经营发展进行全面客观陈述以形成《公开转让说明书》和《推荐报告》,真实完整地将公司状况展现给投资者,并对全国股转系统反馈的意见做出回答,协助公司制定可行的持续发展战略,帮助企业家树立正确的上市和资本运作观念;持续督导挂牌公司的经营,提供后续诸如公司融资、并购重组等资本性质的市场服务。

3）报监管机构审核

主办券商负责"新三板"备案文件的审核,发表审核意见,符合"新三板"上市推荐的,出具推荐报告,向中国证券业协会报送备案文件;中国证券业协会负责审查主办券商报送的备案文件并做出是否备案的决定,证券业协会决定受理的,向其出具受理通知书并对备案文件进行审查,若有异议,则可以向主办券商提出书面或口头的反馈意见,由主办券商答复;若无异议,则向主办券商出具备案确认函。

4）股份登记和托管

投资者持有的拟挂牌公司的初始登记的股份也应托管在主办券商处。推荐主办券商取得协会备案确认函后,辅助拟挂牌公司在挂牌前与中国证券登记结算有限责任公司签订证券登记服务协议,办理全部股份的集中登记。

5）全国中小企业股份转让系统公司审查及挂牌

主办券商向全国中小企业股份转让系统公司递交股票挂牌申请文件。全国中小企业股份转让系统公司对申请文件反馈意见,主办券商进行回复和解答,直至全套挂牌申请文件最终封卷归档,全国中小企业股份转让系统公司出具"同意挂牌的审查意见";申请公司在主办券商协助下填报拟定的证券简称,取得证券简称和证券代码,正式挂牌交易。

（二）创业公司在"新三板"挂牌交易的利与弊

1. 创业公司在"新三板"挂牌交易的"利"

1）对创业企业的财务要求较低

只需要创业企业设立满两年,主营业务突出,并具有持续经营记录,没有盈利水平等业绩要求。

2）有利于建立现代企业制度

挂牌前的股份制改造与主办券商的督导,使得创业公司进一步规范企业运作、完善法人治理结构,明确产权归属,建立了现代产权制度,从而促进企业健康发展;与此同时,创业公司在"新三板"挂牌,有利于树立企业品牌,改善企业形象,有效开拓市场。

3）"发现"创业公司价值

创业公司登陆"新三板"后,相当于获取了券商、会计师、律师和交易平台等的信誉保证,并接受公众的监督,由于创业公司的信息已在一个全国性平台上公开挂牌,可以获得一个公开的市场报价,无论是为创业者的收成还是投资人的进入都提供了一个公允价值,从而有利于吸引风险资本、战略投资者,开辟了广阔的融资渠道,也为其后的资本并购与重组奠定了基础。

4)转板 IPO

2020 年 06 月 03 日中国证券监督管理委员会发布第 29 号公告,《中国证监会关于全国中小企业股份转让系统挂牌公司转板上市的指导意见》(证监发〔2020〕29号),明确了符合条件的"新三板"挂牌公司可以转板上市交易(试点期间,符合条件的"新三板"挂牌公司可以申请转板至上交所科创板或深交所创业板上市),转板机制的建立,让"新三板"直接对接主板和创业板市场,为"新三板"挂牌企业打通了更高层次资本市场的绿色通道,这对怀揣上市梦想的创业家们是最大的吸引力,也是对在"新三板"挂牌创业公司的最大价值贡献。

2. 创业公司在"新三板"挂牌交易的"弊"

1)有一定的成本

"新三板"挂牌的成本包括显性成本和隐性成本两部分。"新三板"挂牌的显性成本有挂牌前的股改费用,以及券商、会计师事务所、资产评估机构和律师事务所等的中介费用,挂牌交易费用等前期费用支出,还有挂牌后的审计、信息披露费用等。当然,与在主板市场上市相比,"新三板"挂牌的显性成本比较低。隐性成本主要是信息公开带来的监管成本,如媒体、社会公众的关注,处理不当可能给企业带来公关危机。

2)严格的信息披露要求

信息披露是各类上市公司的统一要求,"新三板"挂牌的公司也不例外,对于创业公司特别是创新型创业公司来说,必须特别认真对待信息披露的问题,涉及商业秘密、技术秘密等公司内部信息,必须认真甄别,稍有不慎就会给公司带来不可估量的损失。

3)融资额度有限

"新三板"目前不能公开发行新股,只能定向发行,所以在"新三板"挂牌与主板上市相比,融资能力有限,在"新三板"采用做市转让制度时,买卖双方都通过做市商买卖股票,虽然能够对做市证券合理估值,但做市价格很容易被做市商所垄断。

二、产权交易市场公开出售

通过产权交易市场公开出售,是创业公司的投资人实现退出的一个非常有效的方式。

128

产权交易市场也为采用公司公开交易提供了一个很好的股权交易平台。广义的产权交易市场既包括对企业整体提供交易场所,也包括对企业的一部分业务或一部分资产提供交易场所。由于产权交易市场的覆盖面广,交易内容和交易活动丰富,且具有专业的交易技术和规范的交易制度,创业公司通过产权交易市场出售部分或全部股权,可以获得一个公开的市场估价,可避免创业公司在有限的交易环境下被低估从而为创业者带来不必要的损失。

我国第一家产权交易机构是 1988 年 5 月在武汉成立的武汉市企业兼并市场事务所,之后产权交易所在全国各地如雨后春笋迅速出现,目前已具有较为完备的产权交易市场体系,实现了交易制度、交易地域、服务体系、服务对象、互联网信息网络等的"全覆盖",产权交易所的交易品类涵盖产权转让、企业增资、资产转让、金融资产交易、环境权益交易、技术产权交易、文化产权交易、农村产权交易、其他公共资源交易等大类,为各类创业企业投资人的投资收成,提供了一个非常有效的退出通道。

深圳联合产权交易所,简称"联交所",前身是成立于 1993 年 3 月的深圳市产权交易中心和成立于 2000 年 10 月的深圳国际高新技术产权交易所。其中,深圳市产权交易中心是全国最早成立的产权交易机构之一;深圳国际高新技术产权交易所是为打造永不落幕的高交会、由深圳市政府批准成立的全国第一家市场化运作的股份制技术产权交易机构。深圳联合产权交易所是深圳统一的综合性产权交易平台,是各类国有、集体企业产权流转、资产处置、增资扩股的交易平台,还是中小企业,特别是为中小科技企业提供跨市场的综合金融服务和多层次资本市场解决方案的专业化服务平台。

三、外部收购与兼并

并不是只有上市才能称为创业成功,将创业公司出售一个好价钱一样是创业成功。绝大多数创业者擅长技术创新,将创业公司卖个好价钱、让更懂管理的人来持续经营,让自己亲手创立的公司走得更远更好,相信也是很多创业人士的心愿。

出售创业公司包括出售公司的部分资产、业务,或者出售部分或全部股权等多种形式。其中,股权转让是公司投资人的变更,包括创业者出售全部股权退出创业公司、引进新的投资者转让部分股权或者发行新股引进其他投资人等,后两项属于部分出售股权。在部分出售股权的情况下,又包括创业者保持控制权和放弃控制权两种情况。

(一)出售部分资产或业务

将创业公司的部分资产或业务作为一项独立资产出售,以补充公司其他业务的现金不足。出售部分资产或业务通常会将该部分资产或业务以及与其相关的负债一同出售,但在一些特殊情况下还需要将该资产或业务相关的债务单独剥离开来,即只出售该项业务的"净资产"部分,创业者需要继续承担该业务的负债。

出售部分资产或业务的核心是如何对该资产或业务进行估值。可选择的方法包括收益现值法、成本法、市场法和清算价格法等,在持续经营的情况下,对资产或业务的估值方法更多地会选择收益现值法。

收益现值法是将未来各项的收益折算成现值以确定资产或业务的方法,即:

$$资产或业务的价值 = 资产或业务预期各年收益现值之和$$

【例 5-1】　某创业公司为了扩大主营业务产能,董事会决定将其激光测量产品业务单独剥离出售。公司的激光测量产品业务目前正处于快速成长期,预计此后的 1～5 年内净现金流量分别是 800 万元、1 200 万元、1 500 万元、1 800 万元和 2 000 万元,此后每年都将维持在 2 000 万元水平。预计从第 11 年起,市场上新的替代产品将会大量出现,该产品会进入衰退期,第 11 至第 15 年间,每年的净现金流量为 1 500 万元、1 200 万元、800 万元 600 万元和 500 万元。估计在第 16 年该项业务的可变现价格为 800 万元。如果社会平均资本年回报率为 8%,请运用收益现值法对这项业务进行估值。

根据题意,现金流量情况如图 5-1 所示。

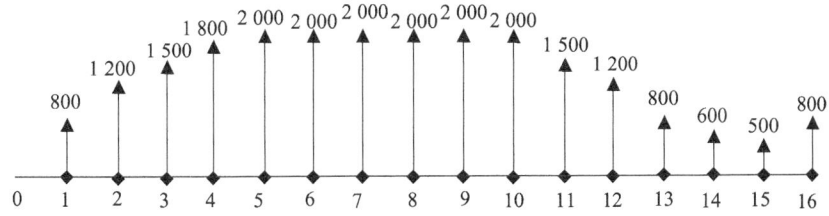

图 5-1　现金流量图

$$
\begin{aligned}
PV ={} & 800 \times (P/F, 8\%, 1) + 1\,200 \times (P/F, 8\%, 2) + 1\,500 \times (P/F, 8\%, 3) \\
& + 1\,800 \times (P/F, 8\%, 4) + 2\,000 \times (P/A, 8\%, 6) \times (P/F, 8\%, 4) \\
& + 1\,500 \times (P/F, 8\%, 11) + 1\,200 \times (P/F, 8\%, 12) + 800 \times (P/F, 8\%, 13) \\
& + 600 \times (P/F, 8\%, 14) + 500 \times (P/F, 8\%, 15) + 800 \times (P/F, 8\%, 16) \\
={} & 800 \times 0.925\,9 + 1\,200 \times 0.857\,3 + 1\,500 \times 0.793\,8 + 1\,800 \times 0.735\,0 \\
& + 2\,000 \times 4.622\,9 \times 0.735\,0 + 1\,500 \times 0.428\,9 + 1\,200 \times 0.397\,1 + 800 \times 0.367\,7 \\
& + 600 \times 0.340\,5 + 500 \times 0.315\,2 + 800 \times 0.291\,9 \\
\approx{} & 127\,010.076(万元)
\end{aligned}
$$

经测算,该创业公司出售激光测量产品业务的估值为127 010.076万元,最后的交易价格可在这一估值基础上具体谈判确定。

(二) 股权出售

股权出售包括出售全部股权或出售部分股权,创业者在出售部分股权时,可采用转让所持有的部分股权方式或者增发新的股份给买方的方式来实现。

目前全国很多中心城市都有股权交易平台,如深圳前海股权交易中心就能够为中小微企业提供股权交易服务。创业者可选择在公开股权交易平台上转让,也可以选择私下与特定买家通过谈判实现股权交易,但无论采取什么方式交易,尽职调查和价值评估都是不可或缺的重要环节。

尽职调查是买方对被收购企业的业务情况、财务情况、法律关系以及预期风险等所做的一系列调查与评估。买家通常在对目标公司收购前,委托专门机构对被收购对象进行问卷和现场等多种形式的尽职调查,调查对象有可能会包括创业者、投资人、关联公司、行业专家、上下游产业链甚至竞争对手等,特别是与公司的高管、核心技术人员、销售人员的交流与访谈,以减少收购风险。

1. 业务情况

对业务情况进行调查,主要包括产品与服务、市场、产能、原材料市场等,如行业前景、产品或服务的先进性、研发能力、专利与商标、市场占有率及前景、替代产品、生产设备与厂房的规模与利用率、投资计划、供应商关系等。

2. 财务情况

财务情况包括资产规模与折旧、负债结构与水平、股权结构、多年以来的盈利情况、主营业务及其稳定性、业务活动的现金流量、费用构成等。

3. 法律关系

法律关系主要是调查被收购公司存在的法律风险,如主要股东情况、重大债权债务文件、重大合同、重大诉讼仲裁和行政处罚文件、税收及政府优惠政策等,特别是正在或可能存在的诉讼等法律纠纷、公司资产的权属关系是否清晰、有无存在担保与抵押、公司的股权关系是否清晰等。

4. 风险评估

对业务、财务和法律方面的尽职调查,其核心是查明各类风险,并对可能存在的风险进行评估,包括业务风险、财务风险、法律风险、税务风险以及人员风险。

尽职调查中的人员风险主要是查明创业者和创业团队的诚信与敬业情况、公司文化,特别是被收购后能否保持公司核心人员的稳定性,这是决定收购后公司能否持续经营的关键。

四、管理层或内部员工收购

(一) 管理层收购

相较于外部收购,创业者可能更愿意创业公司被管理层收购,这是因为公司的管理层熟知公司情况,不仅省去了尽职调查的时间和成本,而且管理层大多与创始股东一起参与公司创建,相互之间"知根知底",他们不仅是创业公司从无到有到大的每一步发展的见证人,更是公司发展的参与者。更重要的是,公司被管理层收购后,大多能继续保持公司既有的方向进一步发展,这样,创业者即使离开了公司,公司也一样能够按照创业者当初的理想继续发展下去。通过管理层收购,公司的管理者变成了公司的所有者。

在我国多起上市公司的管理收购案例中,通常是管理层出资成立持股平台或新公司,作为收购主体,受让原股东持有的上市公司股份,从而直接或间接成为上市公司的控股股东,最后实现管理层收购[1]。

(二) 内部员工收购[2]

公司内部员工通过购买公司的股份获得对创业公司的控制权,这就是员工收购。广义的员工收购还应该包括管理层收购。内部员工通过收购其服务的公司,其身份由公司的雇员转变成了公司的股东。内部员工收购,可以是部分内部员工收购,也可以是全体员工对公司的收购。创业公司也就变成了员工所有制的公司。

内部员工收购的好处是多方面的。与管理层收购类似,创业公司被内部员工收购也能够保持公司的持续稳定发展。更重要的是,创业公司被内部员工收购,员工既是公司的所有者,也是公司的雇员,员工在为自己工作,工作的积极性会被充分调动越来,从而避免了被外部收购可能带来的裁员转行等对内部员工的不利冲击。

---

[1] 方大集团股份有限公司是一间成立于深圳的上市公司,主要从事新材料的研发与生产,2001年启动管理层收购时,以熊建明持股85%的邦林公司和由其他高管及技术骨干共同出资成立的时利和公司作为收购方,分别于2001年6月和9月受让方大经济发展股份有限公司4 890万股和4 711.2万股,收购完成后邦林公司和时利和公司分别成为方大集团的第一和第二大股东,熊建明成为公司的实际控制人。

[2] 江苏春兰集团创立于20世纪50年代,企业的性质是国有集体联营,国有资产占50%、集体资产占50%。2000年,春兰集团通过管理层员工持股计划,管理层和员工购买25%的净资产,同时按1:1再配送25%的净资产分红权(干股),持股计划实施后,公司内部员工(包括管理层)共持有公司50%股份。

创业公司被内部员工收购,通常是从内部的股权激励开始。公司的创业期间,为了凝聚和激发内部员工的积极性,通常都采用股权激励的方式,在公司达成一定的绩效目标后,兑现内部员工特别是管理层和核心团队的股权分配。当初始创业者准备退出时,内部员工基于对公司内部的熟知和对公司前景的看好,在既有股份基础上,通过设立持股平台和外部的杠杆融资来增持创业公司股份,实现对创业公司的接管和控制。

第四节 | 创业者的其他退出方式

创业者退出创业公司,除了公开发行股票上市、被外部公司收购兼并、管理层和内部员工的收购,很多创业公司会被家族其他成员继承,还有很多公司则被破产清算。

一、家族继承

创业公司在第一代创业者离任之后,由家族其他成员继承,是很多创业公司的发展趋势。这不仅仅是因为中国传统文化中以家族为核心的组织结构使然,"打虎亲兄弟、上阵父子兵"的观念深入人心,更与创业者自创业伊始都离不开家族其他成员的鼎力支持有关。一旦第一代创业者由于身体或生理等方面的原因准备离开创业公司,从家族成员中选择继承人,将自己的事业传承给自己的"家人",由家族成员接管创业公司,是很多创业公司的发展之路。

从财务的角度看,创业公司由创业者家族其他成员继承,不需要进行公司估值和尽职调查,财务工作需要做的就是保持公司继续发展的资金需求,实现公司实际控制人(大股东)的顺利交接。

创业公司的家族传承,一般有三种方式:一是创业者的全部股权与经营管理权转移给家族成员继承;二是创业者的全部股权与部分控制权转移给家族成员;三是家族成员只继承创业者的股权,放弃创业公司的经营管理权。分析家族企业的发展历史,第一种方式的家族传承一般是继任者的专业能力、经营管理能力等方面优势突出,且能够获得与上一代创业者一起创业的元老们和家族其他成员的鼎力支持。而更多成功传承的案例是第二种和第三种方式,第二种方式一般是继任者掌控部分或关键控制权,并借助外部职业经理人和专业技术团队的力量实现交接。第三种方式在发达国家和地区的家族企业传承中被广泛运用,如日本家族企业中的养子文化①、美国洛克菲勒家族的信托基金②等。特别是洛克菲勒家族成立的家族信托基金方式,既保证了家族成员的生活开支需要,又保证财富不被挥霍,对后来的富豪,如比尔·盖茨、巴菲特、扎克伯格、邵逸夫等对财富的传承安排都产生了深远的影响。

家族信托基金形式,目前在中国逐渐被第一代创业者所接受。创业者通过将自己的财富,如持有创业公司的股权及其收益成立信托基金,交由专门的信托机构负责管理,并与信托机构签订相关协议,由信托机构负责对基金及其收益按照委托人(创业者)的要求执行。信托协议的内容都是根据创业者的要求具体订制,如为了防止家族成员或子孙后代的挥霍或不思进取,可以约定在获得一定的学历、达到一定的年龄之后,每年可以支取多少金额的资金用于生活开支。再如,为了帮助家族成员或子孙后代的事业发展,在符合相应条件时,可以支取一定的额度用于支持其创业或其他事业等。

二、破产与解散

公司破产与公司解散是一对既相同又有区别的概念。通常,由于资不抵债或巨额亏损等而进行的结业清算称作公司破产,其他原因的结业清算则属于公司解散。前者是公司遇到重大经营困难发生巨额亏损,或者陷入财务困境导致资不抵债等原因而走向破产;解散则是根据公司章程或投资人的共同议定,对公司进行的结业清算。

有很多创业公司最后以破产清算而结束③,还有一些则是解散。尽管创业公司走向破产和解散的原因多种多样,但如何在破产和解散的清算过程中保持创业者利益最大化,是创业企业管理必须重点关注的问题,根据《公司法》等相关规定,公司的清算需要按照法定程序进行。

---

① 日本每年有超过 8 万名的法定收养人数,其中有 98% 的被收养人都是成年男子,年龄在 20 岁到 30 岁之间,而收养人大多是女婿或企业高管。这种成人式收养的目的在于寻找有能力却没有直系血缘关系的男性,来继承家族企业。

② 洛克菲勒家族是在美国乃至全世界都非常有影响力的家族,在家族几代成员的努力下,洛克菲勒家族积累了巨额财富。在第一代老洛克菲勒创立标准石油公司至今的 150 年来,富过七代而不衰。在认为"富不过三代"的中国人看来,堪称奇迹,究其原因,洛克菲勒家族在传承方面有两点值得认真思考,一是成立家族信托基金,将部分财富交由专门的信托基金公司管理,虽然家族成员是财富的继承人,但在满 30 岁之前只能享受分红的收益,不能动用本金,30 岁之后如需动用本金,需经过信托管理委员会的同意,信托管理委员会包括了家族的族长、律师等,还需要有基金管理公司的意见。二是家族公司的继承必须是能者上,无能者不能上。

③ 数据统计显示,40% 的创业公司活不过一年,90% 以上的初创公司活不到三年,五年之内 80% 破产,活下来的 20% 在第二个 5 年中又有 80% 破产,而存活 10 年的比例只有 4%。

(一) 宣告公司破产或公司解散,成立清算小组

公司破产或解散在进入清算程序后,首先需要成立清算小组,清算小组一般由股东、债权人和其他利益相关者组成,在股东不能及时组成清算小组时,可以由人民法院指定相关人员组成清算小组。

清算小组负责下列事项[①]:

(1) 清理公司财产,分别编制资产负债表和财产清单。

(2) 通知、公告债权人。

(3) 处理与清算有关的公司未了结的业务。

(4) 清缴所欠税款以及清算过程中产生的税款。

(5) 清理债权、债务。

(6) 处理公司清偿债务后的剩余财产。

(7) 代表公司参与民事诉讼活动。

(二) 查实公司的资产与债务

清算组对公司的各项资产和债权进行清理核实,查实债权人的申报,必要时需要委托专门的中介机构进行资产评估和债务的确认,编制公司的资产负债表、财产清单和债权、债务目录。

(三) 结清公司业务、了结各项债权与债务

1. 了结公司业务

清算期间,公司不再开展新的经营活动,对正在履行的合同等尚未完结的业务及时了结。

2. 收取各类债权

根据债权清单对到期的债权要及时组织收账,逾期未结的债权要及时与公司债务人沟通落实催收,对不能偿还的债务人要采取债务重组等有效措施尽快收账。

3. 清偿公司债务

根据债务清单,对公司的各项债务组织清偿。当公司的现有财产和债权数额大于债务时,应按法定顺序清偿债务。首先是支付公司的清算费用,如资产的评估、保管、变卖等费用,公告费用,清算组成员报酬,委托注册会计师、律师的费用等;其次要支付应付职工的工资、社会保险费和法定补偿金等职工薪酬;第三是缴纳公司各类应交税费款项;最后才是偿还其他公司债务。

---

① 《中华人民共和国公司法》第一百八十五条的规定。

（四）分配剩余财产

在支付清算费用、职工薪酬、缴纳税款和清偿公司债务后，如有剩余财产，有限责任公司按照股东的出资比例向股东进行分配，股份有限公司则应按股东持有的股份比例进行分配。

扩展阅读

创业终有落幕时

资料1 创业退出：虽难开口，却不得不面对的现实问题

"假如××岁前不去敲钟①，都觉得人生不够完整"，这是很多创始人的心境。然而，现实的情况更可能是这样：几年没日没夜地辛苦创业，突然有一天，摆在面前的是一份收购协议。数据统计，对于创业企业来说，97%的退出出路是并购。更值得注意的是，这些决策多数是在B轮融资前就做出的。

即便是把公司做得颇有成色的创始人，也会在梦想和现实间犹豫不决。一方面想带领自己一手创立的公司上市；另一方面，面对产品、团队、合作伙伴、客户等或大或小的难题，以及未来的种种不确定性，当有人抛出一份有诚意的收购方案时，也难免会产生"此时脱身未尝不是一件好事"的念想。

到底怎样才是"完美"退出？今天的分享就来聊聊这个有些难开口、但十分现实的话题。

禁忌话题："退出"要趁早吗？

我们听到过很多关于"开场"和"中场"的故事，了解很多创业大咖如何创建公司、如何在商场上运筹帷幄寻找机遇，但关于"终场"如何退出却鲜少有人提到。

很多企业家都曾表示，创业者需要将"退出"列在自己的思考清单上，而不是一门心思扑在生意场。创始人不仅是产品和公司的创造者，还是拥有选择权的掌控者，需要把握公司发展过程中的每一次选择，并为最终目标的达成铺路。

行百里者半九十，谢幕表演要足够细致和完美才能赢得最后的掌声。

"退出本身并不是目的，但作为创始人，应该在专注于业务的同时，尽早考虑周期性影响。"来自硅谷知名硬件孵化器HAX的合伙人本杰明·乔菲（Benjamin Joffe）给出了一些非常实际的建议。他曾孵化了上百家公司，用乔菲的话说，我们当然希望每家都有敲钟的机会，但想要通过这样的路径实现退出，几乎不可能。

他们看到更多的是，投资的企业被上市公司或者行业中的更大的玩家"收入囊中"，继续发展。以下是乔菲给出的几点建议：

---

① 股份公司股票上市，会在证券交易所敲钟。

首先，创始人必须对企业发展现状有十分清楚的认知，如果适时的"退出"是企业往后发展的最佳选择，那就意味着创始人应该尽早启动，寻找目标收购方，并清楚地了解他们在行业中的发展史以及偏好，提早联络并维持伙伴关系。

其次，创始人需要时不时问一下自己：是否扩充了潜力买家的名单？公司的相关信息和价值是否被那些潜力买家关注？在考虑被收购的同时还有没有其他募集资金的方法？被收购是一种普遍的退出路径，但也绝不止于此：

Pre-IPO 是一个不错的选择。机器人创业公司 Balyo 就曾在上市前筹集了 4 000 万欧元，以摆脱其中一家投资公司持有的"优先购买权"。

反向兼并也是一个可行的方法，医疗外骨骼公司 EKSO Bionics 就是以这种方式上市的。

无论用哪种方法，最重要的是：不要等到没钱的时候再想该怎么"退出"，公司是来让人买的，不是用来卖的。怎么才能让人买？纽约汇丰银行董事总经理乔治·帕特森（George Paterson）认为，重要的是应了解并购是如何运作的，提早找到进入的市场的"感觉"，瞄准买家，做好业务吸引它，当然如果超越了它，没准就可以去敲钟了。

面对一份收购协议，该怎么办？

一般来说，创业者想要在被收购的过程中掌握主动权，了解买方的动机是第一步。收购动机，是决定收购价格高低的主要因素。

为了人才？如果买方真的是出于这种原因实施的收购，那么说明这种企业的团队文化建设卓越，人才黏性高，而现实中，单纯基于此收购的可能性并不大，但这却会是额外的加分项。

产品/业务？很明显，这才是创业公司的试金石，好产品和业务是走向成功的通行证。

收入驱动因素？能赚钱到什么时候都是优点。

战略威胁？如果能成为行业中其他企业的威胁，并有被收购的意向，说明已经是厉害的玩家了，但是要继续孤身向前，还是拥抱大树，值得思索。数据证明，更多创业者选择"合作"，而非竞争。

防守需要？"不能让竞争对手买下这家公司"，这时候才是运筹帷幄的时机，如何促成交易又能最大化实现价值，是对创始人真正的考验。

一般企业会通过合作企业、投资部门（比如 CVC）、业务部门、媒体和中间联系人来寻找交易的对象，但万变不离其宗的是，公司最亮眼之处在于其产品与业务能力。作为被买方，最重要的是为此做好充足的准备。

培养对市场的"嗅觉"

如何更好地了解市场？绝不是看看行业新闻和研究报告而已。发展行业关系、在大企业内部寻找支持者看似"心机"，但着实有效。试想一下，当创业者有个来自行业领先的"智囊团"，时不时交流沟通行业变化，这看起来是不是更有意义？在推动企业自身向前发展的同时，也有助于掌握企业战略的脉搏，在时机成熟时推动公司的对外交易，为企业的行动提供保证。

英国网络公司 Ubiquisys 的 CEO 官克里斯·吉尔伯特（Chris Gilbert）就曾以超过 3 亿美元的价格将公司卖给思科，他的"退出"明显是一个严谨长线条操作。"从公司成立第一天开始，CEO 的重要职能之一便是找出谁将成为你的买主"，吉尔伯特说。CEO 要向收购公司发出明确的信息，要充分沟通，向对方上司呈现出自己想传达的信息。当时机成熟时，利用自身竞争力果断做出决定。"如果你知道他们下决心买你，你就占据了主动地位。"

定价的"艺术"

要评估并购价格，有各种眼花缭乱的公式可以用来计算，但这也意味着，没有绝对正确的一种计算方式。并购本质上是买卖，最根本的还是，你打算卖多少钱，而买家要付多少钱？

对于创业者来说，不仅要培养业务能力，更重要的是议价能力，因为这关系到整个公司的利益。一般来说，这是一系列博弈的过程，很难一次敲定，如果真的顾及不暇，那么，请第三方顾问来处理也是高效的明智之举。

"退出"不代表真正的退出

在收购后，也有一项非常令人感慨的调查：大多数买家普遍表示愿与企业原创始人建立长久合作关系，并通过股权激励等方式来重新聘用他们。一般来说，即便是成功的初创公司平均寿命也只有 8～10 年，甚至更短。但是创始人的适时"退出"，将会为自己延伸更长久的事业活跃期。不可否认的是，创始人所代表的，正是初创公司的灵魂。

在面对一份收购协议时，即便签下了同意，也并不代表就此退出，越来越多案例证明，以一个新的身份留在团队中，才能更好地面对企业正在解决的问题，以及更好地面对那些自己最为熟悉的用户与客户。

（资料来源：北京富华创新科技发展有限责任公司 投中网 https://www.chinaventure.com.cn.）

资料 2　富人的秘密：从李嘉诚退隐小窥巨头企业继承人之道

勤勉工作 78 年后，被誉为"香港传奇""亚洲巴菲特"的李嘉诚于 2018 年决定退休了。3 月 16 日，李嘉诚在长和系业绩发布会上宣布，5 月 10 日股东大会后，将辞任由他亲手创立的长江和记实业（下称"长和"）及长江实业集团（下称"长实"）主席，由长子李泽钜接任，自己将转任公司资深顾问。

一代新人换旧人：一个时代正在落幕，新的时代正在来临

现在的中国，千千万万因改革开放白手起家的私营业主们，也在老去。他们草根出身，依靠直觉、眼光和冲劲一路拼杀下来，成就了一番事业。如今，他们要把家业移交给他们的孩子。新的一代大多受过良好的教育，在互联网和全球化熏陶下，价值观、处事方法与父辈完全不同。

著名财经作者吴晓波说："两代人之间隔着一条云缠雾绕的楚河汉界。"继承家业需要两厢情愿。老一辈通常经营传统行业，新一代又多偏好新技术新经济，在接班意愿和接班能力上参差不齐。在交接过程中，两代人因为理念不同而冲突不断，又或者，家族成员因不满财富分配而兄弟阋墙。

家族企业如何稳妥地实现代际传承，家族财富能否实现较少损耗的传承——这是中国商业界面临的头等大事，也在考验着整个阶层。这其中，第一代的用心、第二代的热情，缺一不可。传承，在每个种族每个国家都是头等大事。要想摆脱"富不过三代"的魔咒，确保子女将父辈精神发扬光大而不致沦为玩物丧志的"富二代"，让家族基业长青，家族传承必须提前筹划。

三十年前就开始的家庭传承设计

新闻发布会上，李嘉诚公布了他退休后的一系列安排：

（1）退休后去向：全力投入李嘉诚基金会工作，他称这个基金会为"第三个儿子"。

（2）企业接班：长和系的"王国"由长子李泽钜接班。在此之前，李泽钜已经在父亲手下协助管理企业三十多年。次子李泽楷不加入长和系，经营自己的生意。

早在 2012 年，这个分家方案就已经在长和股东会上明确披露，而方案的部署更是早在三十多年前。长子李泽钜低调内敛、稳重老成、有责任心、重视父亲的态度，偏好合理稳定回报的投资，在此基础上进行一定的创新，适合守业。次子李泽楷大胆寻求、标新立异，敢拼敢闯，有冒险主义精神，不愿遵从家族规矩和父辈权威，具有强烈的自主精神，适合创业。根据两个儿子不同的性格，李嘉诚给他们规划了不同的路，令每个人的潜能都尽可能地多发挥一些。他让大儿子从家族企业的基层做起，一直历练了 30 多年，他也趁着自己身强体壮之时培养大儿子的接班能力。他用金额以"倍数计"的现金支持小儿子创业，收购其他产业以发展自己的业务，让他也有自己的努力方向。

李嘉诚曾公开说："用分家来传承，而不是在自己去世后，下一代用诉讼来分家。这样的安排是为了两个儿子可以有兄弟做。"他把实业资本和金融资本分别分配给了两个儿子，从而把家族传承中常见的矛盾、冲突甚至是诉讼，消化于无形。

李嘉诚还有"第三个儿子"——1980 年成立的李嘉诚基金会，用来资助教育和

医疗等公益事业。慈善捐助不仅为家族塑造了良好的公众形象,还有助于培养正向的家族精神和家族成员的道德品格,成为传承家族文化的纽带。

长子承父业,幼子走新路,加之慈善与公益,各得其所。

财富传承的应对策略

也许有人质疑,为何有人生前做了财富传承安排,身后继承人依旧纷争不休。其实是其传承安排未能统筹考虑,不合理、不切实际。若生前能够做出合理安排,身后可以避免家族成员发生传承争斗。

相比其他富豪,李嘉诚的财产分配方案极见心机,既体现了嫡长子继位接班的传统智慧,也符合现代社会的效率与公平原则,并且充分尊重了二子的个性和长处。借李嘉诚的传承故事,我们可以看到"合理"的传承安排,至少应考虑如下四点:

(1) 事先对财富进行梳理。我们应对自己的各种财富的现状、价值、保管、权属等进行梳理,并且做书面记录。只有对自己的财富所有情况清晰明了,才能根据财富的情况做合理的分配。

(2) 充分了解与掌握继承人的情况。继承人的喜好、意愿、个性、能力、人脉、人生规划等往往左右财富传承的成或败。所以,传承人在做财富传承前,应对继承人的情况做全面了解,只有充分了解继承人上述情况,所做的财富传承安排才不会出现因为继承人原因而受阻的情况。如果李嘉诚的传承安排,完全忽略两个儿子的喜好、能力、人脉等因素,仅仅一厢情愿做了安排,想必也无法实现预期的目标。

(3) 企业与家庭的平行治理的考虑。大部分的高净值人士的传承都包含着企业的传承。尤其是家族企业,家庭的核心人物往往是企业的核心管理人员,因此家庭矛盾直接影响着企业的生存与发展。所以在财富传承时,应该充分考虑到企业与家庭的关系,在企业治理与家庭治理上应设置平行治理模式。

(4) 财富管理机构保驾护航。李嘉诚曾经说过,在他心中还有"第三个儿子",就是成立于1980年的"李嘉诚基金会"(私人信托)。在海外,富豪们普遍通过财富管理机构,利用家族信托(私人信托)进行合理避税,年赚逾67亿港元、却缴纳零元所得税的香港富豪李嘉诚,便是深谙此道的高手。当然,李嘉诚看重这"第三个儿子"不仅仅为避税,更重要的是借助财富管理机构实现其家族财富的保全和传承。

作为华人家族企业的标杆,李氏家族的企业与财富传承方式堪称经典中的经典,无疑将对后人起到广泛与深远的影响。

(资料来源:金刺猬网,引领集团,http://www.jinciwei.cn/b132760.html)

第六章

创业融资与政府资助

各级政府都有不同程度的创业资助,特别是近些年来,政府对创业资助的力度越来越大。创业者应当充分利用政府对创业的资金直接支持以及其他各类支持创业的优惠政策。对创业者来说,争取政府的资助是一个不错的选择,特别是对一些海归创业者、大学生创业者以及社会弱势群体的创业者,政府的资助显得弥足珍贵。

第一节 政府的创业资助概述

一、政府对创业的多方位资助

创业也是就业,是解决失业的重要途径。各国政府都出于控制失业率的考虑大力支持创业,特别在我国,近些年大学生找工作难、就业压力大,各级政府都纷纷出台了各种各样鼓励创业的政策。

政府的创业资助有的是资金直接支持,如大学生创业的房租补贴、农民工回乡创业津贴、创客的创业项目资助等都属于对创业资金的直接补贴。除此之外,政府还在税收优惠、贷款贴息、培训服务、户籍管理、场地保障、创业服务及事业性收费等方面给予了相应的政策支持,特别是在"大众创业、万众创新"的号召下,全国迅速掀起了创业创新浪潮。

二、政府对创业资助的特点

政府对创业者和创业项目的资助,大多是无偿的、具有公益性的。政府资助与政府投资完全不同,通常只要符合产业政策、有利于带动就业,创业者就可以申请政府的创业补贴,政府的创业资助完全不会对创业者和创业企业提出盈利回报的要求。

政府补贴的另一个显著特征是一般不会对创业项目的盈利能力设定条件。在创业进程中,各类投资者(如天使投资和风险投资等)的投资都是以创业项目的盈利能力为评定依据的,有的是注重眼前的盈利能力,有的是看重未来的盈利能力,没有盈利能力的创业项目一般都不能获得投资者的投资。而政府补助本身没有盈利能力的要求,是公益性的资助,也不会过多地关注创业项目和创业公司的现金流和盈利能力。

三、关注获取政府资助的负面影响

创业者应当积极争取政府的补助,但同时也要对获得政府补助的负面影响给予足够的关注。由于创业者申请政府补助时,需要按照申请规则的要求向政府相关部门提交创业项目的资料,详细阐述项目的创新内容、技术路线、商业模式等。不同于天使投资和风险投资,政府在拿到这些申请资料时有时候更容易流失和传播,特别是很多创业者由于精力所限或对政府补助的申报程序不熟,将政府补贴的申请交由第三方打理。然而第三方负责政府资助申请资料的准备和执行申请程序,创业项目的技术、方法、商业模式等就很容易被剽窃和模仿。创业者在申请政府补助时必须特别关注诸如关键技术、产品设计、商业模式等商业机密的保护工作。

第二节 ｜ 创业资助与补贴

一、政府对创业活动的直接资助

各级政府针对不同人员类型和不同行业创业安排了相应的创业补助,虽然这些政府的创业补贴单笔金额不是很大,但对于种子期和幼苗期的创业者和创业项目来说,也是一孔弥足珍贵的泉眼,浇灌着孕育创业希望的种子和艰难破壳的事业幼苗。何况政府给予的创业补助都是无偿的,符合条件的创业者应当都积极争取。

(一) 国家层面的创业资助

目前国家出台了多项面向特定人群和特定产业创业活动的直接补贴政策。如对首次创办小微企业或从事个体经营,且所创办企业或个体工商户自工商登记注册之日起正常运营 1 年以上的离校 2 年内高校毕业生、就业困难人员,给予一次性创业补贴;对高校毕业生、农村转移就业劳动者和城镇登记失业人员等五类人员可享受职业培训补贴,其中农村学员和城市低保家庭学员参加劳动预备制培训的,同时给予一定标准的生活费补贴[①]。

2019 年中央相关部委联合发布文件[②],进一步加大对返乡入乡创业的政策扶持力度。文件要求各地支持农民工、高校毕业生和退役军人等人员返乡入乡创业,落实就业优先政策、实施乡村振兴战略,加大税费减免和创业补贴等扶持力度、落实创业担保贷款政策、提升创业培训的规模与质量、优化创业服务能力等一系列举措,实现以创新带动创业,以创业带动就业的新局面。

(二)地方政府的创业资助

各地方政府对在本地区的创业也都有不同程度的财政补贴。

根据深圳市相关政府部门的文件,在深圳市创办初创企业,可以申请初创企业补贴。自主创业人员在本市创办初创企业,自取得商事主体营业执照(或其他法定注册登记手续)之日起正常经营 6 个月以上,可申请 10 000 元的初创企业补贴(龙岗区为 15 000 元);属于合伙创办企业的,经核实合伙人条件、出资比例等,按该初创企业首次申请时的商事登记合伙人人数每名计发 10 000 元初创企业补贴,其中商事登记合伙人应具有自主创业人员身份。初创企业补贴只能申请并享受一次且合计金额不超过 15 万元。

《深圳市出国留学人员创业前期费用补贴资金管理办法》规定,每年在政府的财政预算中安排一定数额的财政专项资金,对来深创业的留学人员等一次性补助。创业前期专项补贴资金用于无偿补助给来深创业的出国留学人员和留学人员企业创新发展环境建设。创业资助标准分为三个等级:一等资助 100 万元,二等资助 50 万元,三等资助 30 万元。特别优秀项目给予最高 500 万元资助。

上海市对留学人员在本市首次创办企业满 1 年且按规定至少为 1 人缴纳城镇职工社会保险费满 6 个月的,可按规定申请 8 000 元的首次创业一次性补贴;毕业两年以内的沪籍高校毕业生和"就业困难人员",首次创业给予一次性补贴8 000 元。

合肥市对高校毕业生首次创办小微企业并正常经营 6 个月以上的,可享受 1 万元一次性创业补贴政策。

二、政府对创业的其他补贴

政府部门除了直接对初创企业给予创业资金资助外,还对包括创业的场租、社

---

① 2017 年 10 月 13 日《就业补助资金管理办法》(财社〔2017〕164 号)。

② 2019 年 12 月 10 日《人力资源社会保障部 财政部 农业农村部关于进一步推动返乡入乡创业工作的意见》(人社部发〔2019〕129 号)。

会保险、带动就业和新创优秀项目等进行补贴。

(一) 创业场租补贴

创业场租补贴是政府用财政资金对创业者租用创业场所的租金补贴。很多地方政府为了推动当地创业,都在创业活动的场地租金方面给予了不同程度的财政补贴。

深圳市政府相关部门的规定,在深圳市创业的可享受创业场租政府补贴。自主创业人员入驻市区政府部门主办的创业孵化载体创办初创企业,按照第一年不低于80%、第二年不低于50%、第三年不低于20%的比例减免租金;在经市直部门及各区政府(新区管委会)认定或备案的创业带动就业孵化基地、科技企业孵化载体、留学生创业园等内创办初创企业,按照第一年每月1 200元、第二年每月1 000元、第三年每月700元的标准给予租金补贴;实际租金低于补贴标准的,按实际租金补贴;在上述创业孵化载体外租用经营场地创办初创企业的,按每月最高不超过500元(每年最高不超过6 000元)补贴,最长不超过3年;实际租金低于补贴标准的,按实际租金补贴。

针对深圳市在校大学生休学办初创企业的,创业场租补贴标准则更高。如在孵化载体内创办初创企业的,按照第一年每月1 560元,第二年每月1 300元、第三年910元的标准给予租金补贴;在创业孵化载体外租用经营场地创办初创企业的,按每月最高不超过650元(每年最高不超过7 800元),给予最长不超过3年的租金补贴;实际租金低于补贴标准的,按实际租金补贴。

广州市对由本市户籍人员创立的,2010年1月1日后入驻基地并正常经营满一年,且准时支付场地租金的创业组织,实际租赁面积为100平方米及以下的给予每户1 000元/年的场租补贴;实际租赁面积为101~500平方米的给予每户3 000元/年的场租补贴;实际租赁面积为501平方米及以上的给予每户5 000元/年的场租补贴。创业组织的场租补贴最长期限不超过2年。

《沈阳市大学生创业场租补贴实施细则》规定,休学创业大学生、在读大学生和毕业5年内全日制高校毕业生在沈阳初始创业(创业实体成立未满3年),并首次入驻由沈阳市人社局、科技局、经信委认定的市级创业孵化基地、科技孵化器、众创空间、创业辅导基地或省、国家级创业孵化平台,企业运营状况良好,给予"场租全额补贴"。

(二) 社会保险补贴

创业人员社会保险补贴指政府对创业者及创业者为其雇员缴纳的社会保险费部分给予的财政补贴,包括对失业保险补贴、意外灾害和疾病补贴、老年补贴、丧失能力和遗属养老金、家庭补助费、药物及保健费用补助等。政府对创业活动的社会保险费补贴,减轻了创业者一部分创业负担。

深圳市政府相关部门规定,在本市自主创办初创企业,进行商事登记(或其他法定注册登记)取得经营资质,并在该初创企业缴纳社会保险费的,按本市当年度最低缴交社会保险费标准,对单位承担部分给予补贴。若单位实际缴交部分低于最低缴交标准的据实给予补贴,补贴期限最长不超过3年;个人应缴部分仍由其本人承担。自主创业人员在占股企业内缴纳社保的,可补贴公司缴纳部分社保保费,每个月补贴650元,持续补贴36个月,合伙经营的补贴金额可按符合条件的合伙人叠加,合计补贴最高不超过23.4万元。

上海市为缓解初创企业用工成本高的难题,新创企业每户每月最多补贴8人,按照上年度职工月平均工资60%作为基数计算的养老、医疗和失业保险缴费额中由用人单位承担部分、每户每年最高可以获得6万元社会保险的财政补贴。

(三)创业带动就业补贴

创业活动必须涉及雇工,从而带动就业[1],很多地方政府都对创业带动就业给予一定程度的补贴。

深圳市政府相关部门规定,自主创业人员每招纳一名劳动年龄的员工在本企业缴纳社保、并签订一年劳动合同,可享受每人3 000元的带动就业补贴,合计补贴最高不超过5万元。属于合伙创办企业的,经核实合伙人条件、出资比例等,按该初创企业首次申请时的商事登记合伙人人数,每名计发5 000元初创企业补贴,其中商事登记合伙人应具有自主创业人员身份。初创企业补贴只能申请并享受一次且合计金额不超过5万元。

《广州市创业带动就业补贴办法》规定,按初创企业招用人数给予创业带动就业补贴,招用3人(含3人)以下的按每人2 000元给予补贴;招用3人以上的每增加1人给予3 000元补贴,每户企业补贴总额最高不超过3万元。

(四)优秀创业项目资助

深圳市政府相关部门规定,每年在深圳市支柱产业、战略性新兴产业、未来产业中,遴选一批优秀创业项目并给予重点扶持。对市人力资源保障部门组织的全市性创业大赛中获奖的优秀创业项目,在本市完成商事登记的,每个项目给予5万

---

[1] 根据国家发展和改革委员会编写的《2019年中国大众创业万众创新发展报告》(人民出版社),截至2019年年底,创业公司互联网全网招聘人数,达到263.64万人,新增登记注册青年创业者达到446.7万人,留学回国人员总数达到621.06万人,全国返乡入乡创业人员已达850万人,在乡创业人员达3 100万人。

元至 20 万元的资助。对国家部委主办的国家级创业大赛或省直有关部门主办的省级创业大赛中获得前三名的优秀创业项目,在本市完成商事登记的,每个项目给予 5 万元至 20 万元的配套资助。同一创业项目同时获得国家、省创业大赛前三名的,不重复资助,标准从高。

深圳市在校大学生在人力资源保障部门组织的全市性创业大赛中获奖的优秀创业项目,在深圳市完成商事登记的,给予最高 50 万元的资助。

根据深圳对创客的相关政策,对最近 2 年在中国创新创业大赛行业总决赛优秀企业或团队,中国(深圳)创新创业大赛总决赛或行业决赛一、二、三等奖及优胜奖,全国农业科技创新创业大赛初创组优胜者在深圳实施竞赛项目并在深圳依法注册设立具有独立法人资格的企业,对创客个人、创客团队单项最高 50 万元的资助。

(五) 职业培训补贴

创业能力是保障创业成功的关键。创业者仅有创业意愿和创业点子是远远不够的,创新能力和管理能力等创业能力是必须的,为了提高创业者的创业能力,各级政府都出台了不同程度的创业培训补贴。

根据财政部、人力资源社会保障部颁发的《就业补助资金管理办法》(财社〔2017〕164 号)规定,政府的就业补助资金,可以用于职业培训补贴、职业技能鉴定补贴、高技能人才培养补助等支出。

武汉市出台了针对包括自主创业的高校毕业生在内的创业人员,在参加创业能力(SYB)培训和创业意识(GYB)培训的具体补贴政策,参加创业能力培训补贴标准为每人 1 200 元(含创业意识培训内容),参加培训后,6 个月内成功创业的按补贴标准全额(1 200 元/人)补贴;6 个月内未能创业成功的,按补贴标准的 60%(720 元/人)补贴;参加创业意识培训的补贴标准为每人 200 元。

第三节　创业税收优惠政策

国家对创业活动有着一系列的税收优惠政策,根据国家税务总局的相关政策,企业初创期,除了普惠式的税收优惠,重点行业的小微企业购置固定资产,特殊群体创业或者吸纳特殊群体就业(高校毕业生、失业人员、退役士兵、军转干部、随军家属、残疾人、回国服务的在外留学人员、长期来华定居专家等)还能享受特殊的税收优惠。

一、小微企业税收优惠

小型微利企业是指从事国家非限制和禁止行业，且同时符合年度应纳税所得额不超过 300 万元、从业人数不超过 300 人、资产总额不超过 5 000 万元等三个条件的企业。根据财政部和国家税务总局《关于实施小微企业普惠性税收减免政策的通知》（财税〔2019〕13 号）的规定，小微企业普惠性税收减免政策主要有：

（1）对月销售额 10 万元以下（含本数）的增值税小规模纳税人，免征增值税。

（2）对年应纳税所得额不超过 100 万元的部分，减按 25% 计入应纳税所得额，按 20% 的税率缴纳企业所得税；对年应纳税所得额超过 100 万元但不超过 300 万元的部分，减按 50% 计入应纳税所得额，按 20% 的税率缴纳企业所得税。

（3）由省、自治区、直辖市人民政府根据本地区实际情况，以及宏观调控需要确定，对增值税小规模纳税人可以在 50% 的税额幅度内减征资源税、城市维护建设税、房产税、城镇土地使用税、印花税（不含证券交易印花税）、耕地占用税和教育费附加、地方教育附加。

二、重点群体创业和就业的税收优惠政策

重点群体，包括在人力资源和社会保障部门公共就业服务机构登记失业半年以上的人员、零就业家庭和享受城市居民最低生活保障家庭劳动年龄内的登记失业人员、毕业年度内高校毕业生、退役士兵和随军家属、军队转业干部、残疾人和建档立卡的贫困人口等，针对重点群体自主创业以及吸收重点群体就业的企业，国家出台了一系列税收优惠政策。

2019 年，财政部、税务总局、人力资源社会保障部和国务院扶贫办联合发布《关于进一步支持和促进重点群体创业就业有关税收政策的通知》（财税〔2019〕22 号），对重点群体创业就业，提供了一系列的税收优惠政策：

1. 重点群体自主创业的税收优惠政策

建档立卡贫困人口、持《就业创业证》（注明"自主创业税收政策"或"毕业年度内自主创业税收政策"）或《就业失业登记证》（注明"自主创业税收政策"）的人员，从事个体经营的，自办理个体工商户登记当月起，在 3 年（36 个月）内按每户每年 12 000 元为限额依次扣减其当年实际应缴纳的增值税、城市维护建设税、教育费附加、地方教育附加和个人所得税。限额标准最高可上浮 20%，各省、自治区、直辖市人民政府可根据本地区实际情况在此幅度内确定具体限额标准。

纳税人年度应缴纳税款小于上述扣减限额的，减免税额以其实际缴纳的税款

为限;大于上述扣减限额的,以上述扣减限额为限。

2. 单位吸收重点群体就业的税收优惠政策

企业招用建档立卡贫困人口,以及在人力资源社会保障部门公共就业服务机构登记失业半年以上且持《就业创业证》或《就业失业登记证》(注明"企业吸纳税收政策")的人员,与其签订1年以上期限劳动合同并依法缴纳社会保险费的,自签订劳动合同并缴纳社会保险当月起,在3年内按实际招用人数予以定额依次扣减增值税、城市维护建设税、教育费附加、地方教育附加和企业所得税优惠。定额标准为每人每年6 000元,最高可上浮30%,各省、自治区、直辖市人民政府可根据本地区实际情况在此幅度内确定具体定额标准。城市维护建设税、教育费附加、地方教育附加的计税依据是享受本项税收优惠政策前的增值税应纳税额。

按上述标准计算的税收扣减额应在企业当年实际应缴纳的增值税、城市维护建设税、教育费附加、地方教育附加和企业所得税税额中扣减,当年扣减不完的,不得结转下年使用。

3. 残疾人自主创业和就业的税收优惠政策[①]

残疾人个人提供的加工、修理修配劳务,免征增值税。

单位和个体工商户月安置残疾人占在职职工人数的比例不低于25%、签订1年以上(含1年)劳动合同或服务协议的、且超过规定人数时,可按照每位残疾人每月最低工资标准的4倍标准,对增值税享受即征即退的政策,本期已交增值税额不足退还的,可顺序在本纳税年度内以前纳税期、以后纳税期的已交增值税扣除已退增值税的余额中退还,但不得结转以后年度退还。

单位支付给残疾人的实际工资可在企业所得税前据实扣除,并可按支付给残疾人实际工资的100%加计扣除。增值税即征即退的,免征企业所得税。

月安置残疾人占在职职工人数的比例不低于25%、签订1年以上(含1年)劳动合同或服务协议的、且超过规定人数的单位,免征该年度的城镇土地使用税。

三、成长期企业税收优惠

为助力企业的快速成长,国家出台了一系列税收优惠政策,包括研发费用的加计扣除政策、固定资产加速折旧政策、购置设备和科技成果转化的优惠政策等。

---

① 《财政部 国家税务总局关于促进残疾人就业增值税优惠政策的通知》(财税〔2016〕52号),财政部、国家税务总局关于安置残疾人员就业有关企业所得税优惠政策问题的通知》(财税〔2009〕70号),《财政部国家税务总局关于安置残疾人就业单位城镇土地使用税等政策的通知》(财税〔2010〕121号)。

1. 研发费用加计扣除政策[①]

研发支出是企业创新研究的保障，为了鼓励企业创新研究，除了烟草制造业、住宿和餐饮业、批发和零售业、房地产业、租赁和商务服务业、娱乐业等不能享受研发费用加计扣除政策外，其他行业企业的人员人工费用、材料消耗等直接投入费用、固定资产折旧费用、无形资产摊销费用等研发支出，按照实际发生数额，对未形成无形资产而计入当期损益的，在据实扣除的基础上，再按照实际发生额的 75% 在税前加计扣除，形成无形资产的，再按照无形资产成本的 175% 在税前摊销。

2. 固定资产加速折旧政策[②]

新购进的专门用于研发的仪器、设备，单位价值不超过 500 万元的，允许一次性计入当期成本费用在计算应纳税所得额时扣除，不再分年度计算折旧；单位价值超过 500 万元的，可缩短折旧年限或采取加速折旧的方法。缩短折旧年限的，最低折旧年限不得低于企业所得税法实施条例规定折旧年限的 60%；采取加速折旧方法的，可采取双倍余额递减法或者年数总和法。

企业持有的单位价值不超过 5 000 元的固定资产，允许一次性计入当期成本费用在计算应纳税所得额时扣除，不再分年度计算折旧。

3. 科技成果转化税收优惠[③]

企业的技术转让、技术开发和与之相关的技术咨询、技术服务收入免征增值税。

居民企业在一个纳税年度内技术转让所得不超过 500 万元的部分，免征企业所得税；超过 500 万元的部分，减半征收企业所得税。

4. 获得公司股权的个人所得税优惠政策[④]

中小高新技术企业以未分配利润、盈余公积、资本公积向个人股东转增股本时，个人股东一次缴纳个人所得税确有困难的，可根据实际情况自行制定分期缴税

---

① 《财政部　税务总局　科技部关于提高研究开发费用税前加计扣除比例的通知》（财税〔2018〕99 号），《财政部　国家税务总局　科技部关于完善研究开发费用税前加计扣除政策的通知》（财税〔2015〕119 号）。

② 《财政部　税务总局关于扩大固定资产加速折旧优惠政策适用范围的公告》（2019 年第 66 号），《财政部　税务总局关于设备、器具扣除有关企业所得税政策的通知》（财税〔2018〕54 号），《财政部　国家税务总局关于完善固定资产加速折旧企业所得税政策的通知》（财税〔2014〕75 号），《财政部　国家税务总局关于进一步完善固定资产加速折旧企业所得税政策的通知》（财税〔2015〕106 号）。

③ 《财政部　国家税务总局关于全面推开营业税改征增值税试点的通知》（财税〔2016〕36 号）（附件 3《营业税改征增值税试点过渡政策的规定》），《国家税务总局关于技术转让所得减免企业所得税有关问题的通知》（国税函〔2009〕212 号）。

④ 《财政部　国家税务总局关于将国家自主创新示范区有关税收试点政策推广到全国范围实施的通知》（财税〔2015〕116 号），《财政部　国家税务总局关于完善股权激励和技术入股有关所得税政策的通知》（财税〔2016〕101 号），《国家税务总局关于股权激励和技术入股所得税征管问题的公告》（国家税务总局公告 2016 年第 62 号）。

计划,在不超过 5 个公历年度内(含)分期缴纳。中小高新技术企业个人股东分期缴纳个人所得税。

获得非上市公司股票期权、股权期权、限制性股票和股权奖励实行递延纳税政策。员工在取得股权激励时可暂不纳税,递延至转让该股权时纳税;股权转让时,按照股权转让收入减除股权取得成本以及合理税费后的差额,适用"财产转让所得"项目,按照 20% 的税率计算缴纳个人所得税。

获得上市公司股票期权、限制性股票和股权奖励适当延长纳税期限。获得上市公司授予股票期权、限制性股票和股权奖励的,经向主管税务机关备案,个人可自股票期权行权、限制性股票解禁或取得股权奖励之日起,在不超过 12 个月的期限内缴纳个人所得税。

企业以及个人以技术成果投资入股可递延缴纳所得税。以技术成果(包括专利技术、计算机软件著作权、集成电路布图设计专有权、植物新品种权、生物医药新品种等)投资入股,在投资入股当期可暂不纳税,允许递延至转让股权时,按股权转让收入减去技术成果原值和合理税费后的差额计算缴纳所得税。

四、成熟期企业税收优惠政策

1. 高新技术企业的税收优惠政策[①]

经过各省(自治区、直辖市、计划单列市)科技行政管理部门同本级财政、税务部门认定管理机构认定的高新技术企业,按 15% 的税率征收企业所得税。

高新技术企业发生的职工教育经费支出,不超过工资薪金总额 8% 的部分,准予在计算企业所得税应纳税所得额时扣除;超过部分,准予在以后纳税年度结转扣除。

2. 技术先进型服务企业的税收优惠政策[②]

认定的技术先进型服务企业,减按 15% 的税率征收企业所得税。

认定的技术先进型服务企业,发生的职工教育经费支出,不超过工资薪金总额 8% 的部分,准予在计算应纳税所得额时扣除;超过部分,准予在以后纳税年度结转扣除。

①　《中华人民共和国企业所得税法》(中华人民共和国主席令第 63 号),《财政部　国家税务总局关于高新技术企业职工教育经费税前扣除政策的通知》(财税〔2015〕63 号)。

②　《财政部　国家税务总局　商务部　科技部　国家发展改革委关于完善技术先进型服务企业有关企业所得税政策问题的通知》(财税〔2014〕59 号),《财政部　国家税务总局　商务部　科学技术部　国家发展和改革委员会关于新增中国服务外包示范城市适用技术先进型服务企业所得税政策的通知》(财税〔2016〕108 号),《财政部　国家税务总局　商务部　科技部　国家发展改革委关于在服务贸易创新发展试点地区推广技术先进型服务企业所得税优惠政策的通知》(财税〔2016〕122 号)。

3. 软件企业的税收优惠政策①

软件产业增值税超税负部分即征即退。自行开发生产销售软件产品的增值税一般纳税人(包括将进口软件产品进行本地化改造后对外销售的增值税一般纳税人)对增值税实际税负超过3%的部分实行即征即退政策。

新办软件企业定期减免企业所得税。新办的符合条件的软件企业,经认定后,自获利年度起计算优惠期,第一年至第二年免征企业所得税,第三年至第五年按照25%的法定税率减半征收企业所得税。

国家规划布局内重点软件企业减按10%的税率征收企业所得税。

软件企业取得即征即退增值税款用于软件产品研发和扩大再生产的、并单独进行核算的,可以作为不征税收入,在计算应纳税所得额时从收入总额中减除。

软件企业职工培训费用,应单独进行核算并按实际发生额在计算应纳税所得额时扣除。

4. 动漫企业税收优惠政策②

经省级动漫企业认定机构(认定机构办公室设在省级文化部门)认定的动漫企业、重点动漫企业,属于增值税一般纳税人的,销售其自主开发生产的动漫软件,对其增值税实际税负超过3%的部分,实行即征即退政策。

5. 集成电路企业税收优惠政策③

国家批准的集成电路重大项目企业因购进设备形成的增值税期末留抵税额准予退还。

集成电路线宽小于0.8微米(含)的集成电路生产企业,经认定后,自获利年度起计算优惠期,第一年至第二年免征企业所得税,第三年至第五年按照25%的法定税率减半征收企业所得税。

集成电路线宽小于0.25微米的集成电路生产企业减按15%的税率征收企业所得税。

投资额超过80亿元的集成电路生产企业,经认定后,减按15%的税率征收企业所得税。

---

① 《财政部　国家税务总局关于软件产品增值税政策的通知》(财税〔2011〕100号),《财政部　国家税务总局关于进一步鼓励软件产业和集成电路产业发展企业所得税政策的通知》(财税〔2012〕27号)。

② 《财政部　国家税务总局关于动漫产业增值税和营业税政策的通知》(财税〔2013〕98号)。

③ 《财政部　国家税务总局关于退还集成电路企业采购设备增值税期末留抵税额的通知》(财税〔2011〕107号),《财政部　国家税务总局关于进一步鼓励软件产业和集成电路产业发展企业所得税政策的通知》(财税〔2012〕27号),《财政部　国家税务总局　发展改革委　工业和信息化部关于软件和集成电路产业企业所得税优惠政策有关问题的通知》(财税〔2016〕49号),《财政部　国家税务总局　发展改革委　工业和信息化部关于进一步鼓励集成电路产业发展企业所得税政策的通知》(财税〔2015〕6号)。

新办的集成电路设计企业,经认定后,自获利年度起计算优惠期,第一年至第二年免征企业所得税,第三年至第五年按照 25% 的法定税率减半征收企业所得税。

国家规划布局内的集成电路设计企业减按 10% 的税率征收企业所得税。

集成电路设计企业的职工培训费用,应单独进行核算并按实际发生额在计算应纳税所得额时扣除。

集成电路生产企业的生产设备,其折旧年限可以适当缩短,最短可为 3 年（含）。

符合条件的集成电路封装、测试企业,自获利年度起,第一年至第二年免征企业所得税,第三年至第五年按照 25% 的法定税率减半征收企业所得税。

符合条件的集成电路关键专用材料生产企业或集成电路专用设备生产企业,自获利年度起,第一年至第二年免征企业所得税,第三年至第五年按照 25% 的法定税率减半征收企业所得税。

第四节　其他优惠政策

一、创业贷款

对于创业者而言,创业初期多是开办中小企业,然而中小企业"融资难"一直是制约企业发展的瓶颈。

创业担保贷款是国家为了支持创业活动的专项贷款政策[1],要求各地"落实好创业担保贷款政策,鼓励金融机构和担保机构依托信用信息,科学评估创业者还款能力,改进风险防控,降低反担保要求,健全代偿机制,推行信贷尽职免责制度。"

根据《深圳市创业担保贷款实施办法》[2],个人创业担保贷款额度最高 60 万元,合伙经营的按符合贷款对象及条件的合伙人每人最高 60 万元、贷款总额最高300 万元实行"捆绑性"贷款,符合规定条件的小微企业创业担保贷款,额度由担保机构、经办银行根据企业经营状况、还款能力、吸纳就业情况等合理确定,最高不超过 500 万元。个人贷款和"捆绑性"贷款在 1 年期贷款市场报价利率的基础上加 3个百分点标准内据实贴息,小微企业贷款按 1 年期贷款市场报价利率的 50% 给予

---

① 《国务院关于做好当前和今后一个时期就业创业工作的意见》(国发〔2017〕28 号)。

② 深圳市人力资源和社会保障局、深圳市财政局、深圳市地方金融监督管理局、中国人民银行深圳市中心支行《深圳市创业担保贷款实施办法》(深人社规〔2020〕5 号)。

贴息,每次贴息期限最长不超过 3 年。对还款积极、带动就业能力强、创业项目好且符合重点扶持对象规定的借款人,可以继续提供创业担保贷款贴息,累计次数不得超过 3 次。其他借款人,只能享受 1 次贴息。

上海市设立了"上海创业担保贷款担保资金",为符合规定条件的创业者个人或创业组织提供贷款担保,并设计了个人创业担保贷款(最高 50 万元额度)、创业组织创业担保贷款(最高 200 万元额度)、创业前创业担保贷款(最高 20 万元额度)等 3 个品种的创业担保贷款,以助力创业融资需求。

二、在创业平台提供公共服务

创业平台包括企业孵化器、创客空间、高新产业园、大学科技园以及各类创业网站等,在培育创客和创新企业、促进高质量创业就业、支撑经济转型升级等方面发挥了重要的作用。

创业平台首先是为创业者提供交流沟通,如北京中关村的创新工场、车库咖啡、创客空间等,以多种形式为创业者之间、创业者与投资者之间打造交流平台。其次,创业平台还为创业者提供各类专业化服务,如商事管理、法律和知识产权、咨询与技术培训、人员招聘与人事代理、资金支持与融资服务、财税服务、市场推广以及检验检测认证和技术转移等服务等,举办各类创业沙龙、创业大讲堂、创业训练营等创业培训活动,聚合创新要素,让创业者能够更专注于自己领域的创业创新工作。

深圳前海深港青年梦工场,占地面积约 5.8 万平方米,是集创意苗圃、孵化器、加速器、产业园功能于一体的综合型创新创业平台,为香港青年人才提供资金、场地、项目等各方面的支持。梦工场租金仅为同地段三分之一,符合条件的企业还可享受减按 15% 的税率征收企业所得税。同时,梦工场规划建设有人才驿站、创业学院、公共技术平台和商务展览设施,并为每家入区团队提供创业导师、管理及科技研讨会和培训课程以及人才招聘的渠道。此外,梦工场不定期举办各种创业论坛、创业大赛、深港创客营、嘉年华等各项科技主题活动,并设立深港两地双向会场。截至 2018 年,梦工场累计孵化创业团队 340 个,其中港澳团队 169 个,超半数项目成功拿到了融资,累计融资总额超过 15 亿元人民币;为香港大学生提供 1 500 个实习岗位,接待近 2 万名香港学生前来交流学习,肩负起服务和支持深港澳及世界青年创新创业的重任,凝聚国际一流的资源提供优质服务,打造出具有影响力的国际创客基地。

深圳市现已认定 18 家孵化园为市级创业孵化基地,并有 1 家创业孵化园被认定为省级创业孵化示范基地。其中深圳大学创业园、深圳职业技术学院创意创业园两家累计孵化 350 余名大学生创业者,带动就业 1 000 余人。

三、人事及就业政策

根据人力资源和社会保障部《关于支持和鼓励事业单位专业技术人员创新创业的指导意见》,支持和鼓励事业单位专业技术人员挂职、参与项目合作、兼职、离岗创业。事业单位专业技术人员在兼职单位的工作业绩或者在职创办企业取得的成绩可以作为其职称评审、岗位竞聘、考核等的重要依据。

山东省为了鼓励高校、科研院所等事业单位的专业技术人员创新创业,专业技术人员离岗创业 3 年内,不仅保留人事关系,基本工资照发。

河北省规定,高校、科研院所等事业单位科研人员离岗在冀创办企业的,5 年内保留人事关系,代缴社会保险和住房公积金,档案工资和专业技术职务正常晋升。期满重返原单位的,工龄连续计算。

四、在校大学生创业的相关政策

1. 在校期间大学生创业政策

(1)弹性学制。对有自主创业意愿的大学生,实施弹性学制,放宽学生修业年限,允许调整学业进程、保留学籍休学创新创业。

(2)相关经历可折算学分。学生参加创新创业、社会实践等活动以及发表论文、获得专利授权等与专业学习、学业要求相关的经历、成果,可折算为学分,计入学业成绩。

(3)优先转专业。休学创业后复学的学生,因自身情况需要转专业的,学校应当优先考虑。

2. 取消高校毕业生落户限制

高校毕业生可在创业地办理落户手续。

3. 减免人事代理费

河北省人事厅出台的《关于促进全民创业的若干措施》规定,省各级人事部门将为在河北创业的高校毕业生,提供全方位人事代理服务。对 2008 年及以后毕业的高校毕业生免收 2 年人事代理费用,5 年内免费求职登记。

4. 创业期计算工龄

对自主创业的高校毕业生,按规定通过人事部门办理了人事代理手续,参加社会保险、交纳养老保险的年限,在评定专业技术职务时,可计算为工作年限,被党政机关、事业单位录用和聘用后,交纳养老保险费期间工龄连续计算。

5. 免收行政事业性收费

对高校毕业生从事个体经营符合条件的,免收行政事业性收费。毕业 2 年以内的普通高校毕业生从事个体经营（除国家限制的行业外）的,自其在工商部门首次注册登记之日起 3 年内,免收管理类、登记类和证照类等有关行政事业性收费。

 扩展阅读

各级政府的创业资助政策

资料 1　国务院《关于做好当前和今后一个时期促进就业工作的若干意见》（国发〔2018〕39 号）（摘录整理）

（二）发挥政府性融资担保机构作用支持小微企业。充分发挥国家融资担保基金作用,引导更多金融资源支持创业就业。各地政府性融资担保基金应优先为符合条件的小微企业提供低费率的担保支持,提高小微企业贷款可获得性。

（三）加大创业担保贷款贴息及奖补政策支持力度。符合创业担保贷款申请条件的人员自主创业的,可申请最高不超过 15 万元的创业担保贷款。小微企业当年新招用符合创业担保贷款申请条件的人员数量达到企业现有在职职工人数25%（超过 100 人的企业达到 15%）并与其签订 1 年以上劳动合同的,可申请最高不超过 300 万元的创业担保贷款。各地可因地制宜适当放宽创业担保贷款申请条件,由此产生的贴息资金由地方财政承担。推动奖补政策落到实处,按各地当年新发放创业担保贷款总额的一定比例,奖励创业担保贷款基金运营管理机构等单位,引导其进一步提高服务创业就业的积极性。

（四）支持创业载体建设。鼓励各地加快建设重点群体创业孵化载体,为创业者提供低成本场地支持、指导服务和政策扶持,根据入驻实体数量、孵化效果和带动就业成效,对创业孵化基地给予一定奖补。支持稳定就业压力较大地区为失业人员自主创业免费提供经营场地。

（七）开展失业人员培训。支持各类职业院校（含技工院校）、普通高等学校、职业培训机构和符合条件的企业承担失业人员职业技能培训或创业培训。对培训合格的失业人员给予职业培训补贴,补贴标准根据培训成本、培训时长、市场需求和取得相关证书情况等确定;2019 年 1 月 1 日至 2020 年 12 月 31 日,对其中就业困难人员和零就业家庭成员在培训期间再给予生活费补贴。

（资料来源：中国政府网）

资料 2　《深圳市自主创业扶持补贴办法》（深人社规〔2015〕20 号）

为进一步鼓励和扶持自主创业,根据《深圳市人民政府关于加强创业带动就业工作的实施意见》（深府〔2015〕70 号）,现就做好自主创业扶持补贴工作,制定本办法。

一、补贴对象

自主创业扶持补贴(以下简称"创业补贴")对象为,未享受过创业扶持补贴的自主创业人员,及其在本市创办的正常经营并依法缴交社会保险费的初创企业。

本办法所称自主创业人员,是指本市普通高校、职业学校、技工院校中毕业学年内的在校学生,以及具有本市户籍的下列人员:

(一)毕业5年内的普通高校、职业学校、技工院校毕业生;

(二)毕业5年内的留学回国人员;

(三)登记失业人员;

(四)复员转业退役军人;

(五)随军家属;

(六)残疾人。

本办法所称初创企业,是指在本市登记注册3年内的从未享受过创业补贴的小微型企业、个体工商户、民办非企业单位。

二、补贴项目及标准

(一)创业场租补贴

自主创业人员入驻市区政府部门主办的创业孵化载体(以下简称主办载体)创办初创企业,按照第一年不低于80%、第二年不低于50%、第三年不低于20%的比例减免租金。主办载体对自主创业人员创办初创企业已有租金减免或优惠,但低于本办法规定比例的,按本办法规定的比例予以减免或优惠;已有租金减免或优惠高于本办法规定比例的,不再享受本项租金减免。

自主创业人员在经市直部门及各区政府(新区管委会)认定或备案的创业带动就业孵化基地、科技企业孵化载体、留学生创业园等(以下简称认定载体)内创办初创企业,按照第一年每月1 200元、第二年每月1 000元、第三年每月700元的标准给予租金补贴;实际租金低于补贴标准的,按实际租金补贴。

自主创业人员在上述主办载体以及认定载体外租用经营场地创办初创企业的,按每月最高不超过500元(每年最高不超过6 000元),给予最长不超过3年的租金补贴;实际租金低于补贴标准的,按实际租金补贴。

(二)初创企业补贴

自主创业人员在本市创办初创企业,自取得商事主体营业执照(或其他法定注册登记手续)之日起正常经营6个月以上,可申请5 000元的初创企业补贴;属于合伙创办企业的,经核实合伙人条件、出资比例等,按该初创企业首次申请时的商事登记合伙人人数每名计发5 000元初创企业补贴,其中商事登记合伙人应具有自主创业人员身份。初创企业补贴只能申请并享受一次且合计金额不超过5万元。

（三）社会保险补贴

自主创业人员在本市创办初创企业，进行商事登记（或其他法定注册登记）取得经营资质，并在该初创企业缴纳社会保险费的，按本市当年度最低缴交社会保险费标准，对单位承担部分给予补贴。若单位实际缴交部分低于最低缴交标准的据实给予补贴，补贴期限最长不超过3年；个人应缴部分仍由其本人承担。

（四）创业带动就业补贴

自主创业人员在本市的初创企业吸纳户籍人员就业并按规定缴纳社会保险费的，可按其吸纳就业（签订1年以上期限劳动合同并已缴交6个月以上社会保险费）人数申请创业带动就业补贴。招用3人（含3人）以下的按每人2000元给予补贴；招用3人以上的每增加1人给予3000元补贴，总额最高不超过3万元。

（五）优秀创业项目资助

结合本市产业发展规划，每年在本市支柱产业、战略性新兴产业、未来产业中，遴选一批优秀创业项目并给予重点扶持。对市人力资源保障部门组织的全市性创业大赛中获奖的优秀创业项目，在本市完成商事登记的，每个项目给予5万元至20万元的资助。对国家部委主办的国家级创业大赛或省直有关部门主办的省级创业大赛中获得前三名的优秀创业项目，在本市完成商事登记的，每个项目给予5万元至20万元的配套资助。同一创业项目同时获得国家、省创业大赛前三名的，不重复资助，标准从高。

三、补贴申请、审核及发放

（一）注册立户和身份核实

拟申请创业补贴的自主创业人员应在完成创业实体商事登记或其他法定注册登记手续及社会保险登记后，在市人力资源保障部门统一用户管理平台为其初创企业进行注册立户；自主创业人员可在申请创业补贴之前，或在申请创业补贴之时到初创企业注册地街道公共就业服务机构进行自主创业人员身份核实。

自主创业人员办理身份核实时应提交下列材料：本人身份证和其他相关证明，其中高校毕业生需提供毕业证书和学历验证证明；留学回国人员需提供由市外国专家局出具的留学人员资格证明；毕业学年在校学生需提供在校证明；转业军人、随军家属需提供市军转部门出具的身份证明；复员退役军人需提供市民政部门出具的身份证明；合伙创办企业的，符合补贴对象及条件的全部合伙人需提供身份证明材料，并提供合伙协议。

自主创业人员身份可当场核实的，街道公共服务就业机构应当场完成核实。自主创业人员提供的身份证明资料不完备，应当要求补齐；身份证明资料完备但无法当场核实的,应出具受理回执并自受理之日起5个工作日内完成。

(二)补贴申请

自主创业人员首次提出各类创业补贴申请应在其初创企业登记注册3年内,提供本人身份证明材料,并按下列规定提出申请:

1.场租补贴申请

自主创业人员可在初创企业实际缴纳场租满3个月后,提出首次场租补贴申请,填写补贴申请表,提交以下资料:

(1)本人身份证。

(2)经房屋租赁部门登记或备案的租赁合同(验原件,留复印件)。

(3)缴纳租金的发票(需与租赁合同相关内容一致)。

(4)初创企业银行基本存款账户(单位盖章)。

(5)税务登记证(办理了统一社会信用代码的营业执照的不需提供)及纳税证明。

自主创业人员应在首次申请后,每满3个月的次月月底前提出一次场租补贴申请。连续超过两次未提出场租补贴申请的,终止享受场租补贴。首次申请后,自主创业人员连续3个月及以上未正常缴交社会保险费的,扣减相应可享受场租补贴的月份数,且不予补发。再次申请场租补贴时只需提交本人身份证及缴纳租金的发票。

2.初创企业补贴申请

自主创业人员可在初创企业正常经营满6个月以后提出初创企业补贴申请,填写补贴申请表,提交以下资料:

(1)本人身份证。

(2)初创企业银行基本存款账户(单位盖章)。

(3)税务登记证(办理了统一社会信用代码营业执照的不需提供)及纳税证明。

3.社会保险补贴申请

自主创业人员可在其初创企业正常缴交社会保险费3个月后提出首次社会保险补贴申请,填写补贴申请表,提交以下资料:

(1)本人身份证。

(2)初创企业银行基本存款账户(单位盖章)。

(3)税务登记证(办理了统一社会信用代码营业执照的不需提供)及纳税证明。

合伙创办企业的,以首次申请补贴时商事登记合伙人人数发放社会保险补贴,其中商事登记合伙人应具有自主创业人员身份。自主创业人员在初创企业正常缴交社会保险费的,公共就业服务信息系统将自动每 3 个月据实发放后续的社会保险补贴。自主创业人员在初创企业连续 3 个月及以上未正常缴交社会保险费的,扣减相应可享受社会保险补贴的月份数,且不予补发。

4. 创业带动就业补贴申请

创业带动就业补贴按年度申请。首次申请应于初创企业与户籍人员签订 1 年以上期限劳动合同,并已为其缴交 6 个月以上社会保险后提出。申请创业带动就业补贴应填写补贴申请表,并提交以下资料:

(1) 本人身份证。

(2) 招用本市户籍人员 1 年以上的劳动合同(验原件)。

(3) 初创企业银行基本存款账户(单位盖章)。

(4) 税务登记证(办理了统一社会信用代码的营业执照不需提供)及纳税证明。

首次申请创业带动就业补贴,以申请时实际吸纳本市户籍就业人员的人数核发补贴。后续年度申请时,按其实际净增本市户籍就业人员的人数核发补贴,最后一次申请时间不得超过初创企业登记注册之日起 4 年。合伙创办企业的,吸纳本市户籍就业人员的人数不包括合伙人。

自主创业人员授权他人经办的,还需提供经办人本人身份证明和授权委托证明书。

(三) 受理及审核

街道公共就业服务机构受理创业补贴申请资料后,应当场进行核对。对于资料齐全的,出具《受理回执》;对于不符合补贴申请条件的,出具《不予受理回执》。对于资料不齐全的,出具《补正材料通知书》。

对于事先核实身份的自主创业人员创业补贴申请,街道公共就业服务机构应在 3 个工作日内完成初核;对于自主创业人员一并提出身份核实和创业补贴申请的,街道公共就业服务机构应在 7 个工作日内完成身份核实和初核,并核定场租补贴、社会保险补贴可以享受的起止补贴时段。创业补贴时段自首次申请之日的当月往前 3 个月起算,最长不超过 36 个月。其中,场租补贴还需核定每年度补贴标准。对首次申请场租补贴和更换租赁场所的初核,增加 5 个工作日进行实地核查。

初核通过的,区(新区)公共就业服务机构应在 2 个工作日内完成复核,区(新区)公共就业服务机构也可委托街道公共就业服务机构复核。

(四) 公示

复核后,区(新区)或街道公共就业服务机构应对拟补贴的对象和金额等信息予以公示,公示时间为7天;公示后无异议的,或有异议但经过调查不存在丧失补贴条件的情况的,视为复核通过;复核通过的予以支付。公示后有异议的,且经过调查存在不符合补贴条件的情况的,复核不通过,不予支付。

（五）发放

区(新区)公共就业服务机构在复核通过后次月月底前按规定程序将相关补贴拨入初创企业银行基本存款账户,区(新区)公共就业服务机构也可委托街道公共就业服务机构发放。初创企业补贴为一次性发放补贴。创业场租补贴、社会保险补贴从受理申请之日起计发,每3个月发放一次。创业带动就业补贴以年度为单位发放。

四、补贴终止

出现以下情形之一的,终止享受各类创业补贴:

(1) 初创企业实体已经停业、注销、吊销的;

(2) 自主创业人员(含合伙创办企业的合伙人)不再是初创企业出资人的;

(3) 经核实有其他不符合补贴条件的。

五、其他事项

(1) 创业培训补贴、创业担保贷款贴息等创业补贴的申请发放办法另行制定,属于残疾人的自主创业人员身份核实和创业补贴的申请发放具体办法另行规定。

(2) 本办法所称普通高校是指全日制大专以上的普通高等院校;职业学校是指全日制大专以上的职业院校;技工院校是指全日制高级工层次以上的技工院校。

(3) 本办法所称的小微型企业是指符合《关于印发中小企业划型标准规定的通知》(工信部联企业〔2011〕300号)中关于小微型企业划型规定的企业。

(4) 市公共就业服务机构按总量控制原则制定本市创业大赛方案,并组织实施。对大赛评选出的优秀创业项目实行资助,纳入当年度市本级就业专项资金预算。受资助项目应在市公共就业服务机构网站进行公示。

(5) 创业补贴的资金支付,按就业专项资金管理的有关规定执行。

(6) 市、区(新区)公共就业服务机构应切实履行监管职责,确保各项创业补贴发放规范。对采取不当手段领取补贴的申请人,一经查实,应停止补贴发放,并追回已发放的补贴,将相关信息予以公告并向市政府公共信用信息系统报送。涉嫌违法犯罪的,依法移送司法机关。

(7) 按照《深圳市自主创业补贴办法》(深人社规〔2009〕3号)正在享受创业补贴的自主创业人员,可按照原办法规定期限继续享受。如该类人员及其创办的初创企业符合本办法规定的,可按本办法规定的标准申请享受剩余的创业补贴和未申请过的创业补贴项目。已享受补贴标准低于新标准的不予追溯。

本办法自 2015 年 10 月 1 日起施行。

资料3　《深圳市出国留学人员创业前期费用补贴资金管理办法》（深人社发〔2017〕14 号）

第一章　总则

第一条　为吸引和扶持留学人员来深创业，加强对深圳市留学人员创业前期费用补贴资金（以下简称"补贴资金"）的管理，根据中共中央组织部、人力资源社会保障部《关于支持留学人员回国创业的意见》（人社部发〔2011〕23 号）、《中共深圳市委深圳市人民政府印发〈关于促进人才优先发展的若干措施〉的通知》（深发〔2016〕9 号）和深圳市政府《关于鼓励出国留学人员来深创业的若干规定》（深府〔2000〕70 号）的有关规定，制定本办法。

第二条　本办法适用于补贴资金的申请、评审、拨付与管理。

补贴资金是指市政府每年从财政预算中安排用于支持留学人员来深创业和留学人员企业创新发展环境建设的专项资金。

第三条　补贴资金应当按照"公开、公平、公正"的原则，择优、无偿资助留学人员来深创业和留学人员企业创新发展环境建设。

第四条　市人力资源保障部门在补贴资金管理方面履行以下主要职责：

（一）编制补贴资金年度预算、决算，报市财政部门审核，按批复实施；

（二）编制并发布补贴资金年度资助申报指南；

（三）组织对申请单位的项目评审、实地考察和社会公示；

（四）按规定下达补贴资金使用计划；

（五）负责补贴资金使用的管理与监督，组织项目验收，开展项目绩效评估；

（六）会同市财政部门制定补贴资金有关管理细则和操作规程。

深圳市外国专家局（以下简称"市外专局"）具体负责补贴资金的管理和实施。

第五条　市财政部门在补贴资金的管理方面履行以下主要职责：

（一）按规定审核、批复补贴资金年度预算、决算；

（二）按规定办理补贴资金指标下达；

（三）监督管理补贴资金预算执行，指导开展专项资金绩效评价，并根据需要组织实施重点绩效评价；

（四）参与制定补贴资金有关管理细则和操作规程。

第六条　各区（新区）人力资源部门在补贴资金的管理方面主要履行以下职责：

（一）按照本办法有关规定受理资助申请,进行初审,出具初审意见;

（二）协助市人力资源保障局开展项目实地考察;

（三）组织对获资助单位的中期验收;

（四）配合市人力资源保障部门、市财政部门组织获资助单位开展绩效评估和绩效检查评价。

第二章　资助计划、范围和标准

第七条　市人力资源保障部门根据市政府引进海外人才工作目标,编制留学人员创业前期费用补贴资金年度预算,报市财政部门审核后制定年度资金收支计划,经市政府批准后执行。

第八条　补贴资金资助范围:

（一）留学人员来深创业资助(以下简称创业资助);

（二）留学人员企业创新发展环境建设资助,主要包括完善留学人员创业园公共服务项目、留学人员创业(就业)培训项目以及参加与引进留学人员相关的展会项目(包括中国国际人才交流大会、广州留交会等);

（三）经市政府批准的其他事项。

第九条　创业资助标准分为三个等级:一等资助100万元,二等资助50万元,三等资助30万元。特别优秀项目给予最高500万元资助。

第十条　补贴资金总额的80%以上应当用于创业资助,且原则上用于一等资助的补贴资金金额不低于创业资助资金总额的30%。

第十一条　留学人员及其所在企业只能获得一次创业资助。

第十二条　留学人员企业创新发展环境建设项目资助标准,根据实际申报情况及补贴资金安排情况确定,每个项目不超过100万元;确需超过的,应当报市政府批准。

第三章　资助对象和申报条件

第十三条　申请创业资助主体是来深创业的留学人员。

第十四条　留学人员申请创业资助应当符合下列基本条件:

（一）获得市外专局颁发的深圳市《出国留学人员资格证明》;

（二）担任所在企业法定代表人,或者主要管理人员(副总经理以上职务),或者技术负责人(技术总监以上职务);

（三）必须为公司股东,持有公司股份折合人民币不少于30万元;

（四）所在企业属我市重点扶持和发展的产业;

（五）所在企业具有与申报项目相符的场地、研发设备和人员情况,且经营正常。

创业资助申请应当在申请人所在企业注册成立的 6 至 36 个月内提出。

第十五条　具备本办法第十四条规定的基本条件的留学人员,可以按照下列规定申请不同等级的创业资助:

(一)一等资助条件:申请人在国(境)外取得博士学位或者在国(境)外从事博士后研究工作 1 年以上,具有在国(境)外 5 年以上学习或者工作经历,持有所在公司股份折合人民币 100 万元以上,具有核心自主知识产权。所开展的项目技术先进、可行、有重大突破。持有重要发明专利技术或者为深圳急需的具有特殊专长的留学人员,经专家评定特别具有发展前景的项目可不受学历、经历条件限制。

(二)二等资助条件:申请人在国(境)外取得硕士以上学位或者为访问学者,具有在国(境)外 3 年以上学习或者工作经历,持有所在公司股份折合人民币 50 万元以上。所开展的项目技术先进、可行,具有创新性。持有重要发明专利技术或者为深圳急需的具有特殊专长的留学人员,经专家评定特别具有发展潜力的项目可不受学历、经历条件限制。

(三)三等资助条件:申请人在国(境)外取得学士以上学位或者为访问学者,具有在国(境)外 1 年以上学习或者工作经历,所开展的项目经专家评定所申报项目技术具有先进性和可行性。

(四)经专家评定,特别优秀的项目,可给予最高 500 万元的资助。

第十六条　留学人员创业园完善留学人员创业园所需设备、软件或者服务,以及服务机构开展留学人员创业(就业)培训、项目对接、参加与引进留学人员相关的展会项目,可申报留学人员企业创新发展环境建设项目资助。

每个园区一年只能申请一个项目。

第十七条　申报项目有下列情形之一的,不予资助:

(一)申请人或者申报单位因违法正在接受调查处理的;

(二)申请人或者申报单位有严重失信行为的;

(三)申请人或者申报单位开展的项目有知识产权争议的;

(四)申请人或者申报单位有其他违反有关法律、法规、规章规定的行为。

第四章　申报和审批流程

第十八条　补贴资金每年申报评审一次,市人力资源保障部门每年第一季度在其官方网站(www.szhrss.gov.cn)发布年度申报通知。

第十九条　申请创业资助应当提供下列材料:

(一)深圳市留学人员来深创业补贴资金申请表;

(二)企业营业执照副本复印件;

(三)市场监管部门出具的企业注册信息查询单;

（四）商业计划书或者项目可行性研究报告；

（五）科研项目或者成果的其他有关证明材料；

（六）专利、著作权证书或者知识产权承诺书；

（七）留学人员简历。

上述材料凡复印材料均须验原件。

第二十条　创业资助按下列程序进行申报和审批：

（一）留学人员企业向注册地所属辖区人力资源部门提出申请，区（新区）人力资源部门对申请资料进行初审，出具审核意见后报市人力资源保障部门；

（二）市人力资源保障部门汇总初审合格的申请材料，召开项目评审说明会，组织专家对申报项目进行评审，出具专家评审结果；

（三）市人力资源保障部门根据专家评审结果，按照年度创业资助资金总量确定留学人员企业实地考察范围，组织实地考察，拟定创业资助名单，经市科技创新委确认无重复资助项目后报市财政部门复核；

（四）市人力资源保障部门在其官方网站公示拟资助对象名单，公示期为5个工作日，对公示有异议的，市人力资源保障部门会同区（新区）人力资源部门开展调查，并出具调查结论；

（五）市人力资源保障部门按规定下达补贴资金使用计划；

（六）市外专局与获资助留学人员及其所在单位签订《深圳市留学人员创业前期费用补贴资金使用合同书》，合同书的内容应当包括资助金额、资助款用途、自筹资金投入、绩效评估事项以及违约责任等；

（七）获资助单位应当开立监管账户，创业资助资金指标由市财政部门按照规定下达市人力资源保障局，由市人力资源保障局按照国库集中支付要求，一次性办理资金拨付手续。

二十一条　创业资助资金发放至获资助单位监管账户后，由区（新区）人力资源部门组织对获资助单位的资助款使用情况、企业及项目发展状况进行中期验收和实地考察，验收结果作为监管账户资助款项继续支付的依据。

第二十二条　留学人员企业创新发展环境建设项目资助按下列程序进行申报和审批：

（一）留学人员创业园向市人力资源保障部门提出申请，提交项目建议书；

（二）市人力资源保障部门根据申请立项及补贴资金使用情况，组织专家评审，拟定资助资金计划，在其官方网站公示拟资助对象名单，公示期为5个工作日，对公示无异议的，下达资助计划；

（三）市外专局与获资助单位签订《深圳市留学人员创业前期费用补贴资金使

用合同书》。合同书的内容应当包括资助金额、资助款用途、绩效评估事项以及违约责任等。资助款用于购买仪器设备或者软件属政府采购范围的,合同书内容应当包括政府采购计划;

（四）获资助单位为市、区预算管理单位的,资助资金指标由财政部门按规定下达获资助单位;获资助单位为非预算管理单位的,须开立监管账户,资助资金指标由市财政部门按规定下达市人力资源保障部门,由市人力资源保障部门按照国库集中支付要求,一次性办理资金拨付手续。

第五章　资金使用和项目管理

第二十三条　创业资助资金使用范围是:

（一）留学人员参加国内、国际学术交流或者展会费用;

（二）购置科研材料、科研设备等;

（三）留学人员所在企业房租、水电费、物业管理费;

（四）留学人员差旅费。

创业资助资金实行专户管理,专款专用。

第二十四条　留学人员企业创新发展环境建设项目资金应当按照申报的项目用途使用。

第二十五条　获资助单位监管账户实行专款专用。监管银行按照合同约定对资金使用单位提出用款的申请进行审核支付。

属于政府集中采购范围的,资金使用单位应当按照《深圳经济特区政府采购条例》等有关规定执行。

第六章　监督和检查

第二十六条　市人力资源保障部门对资金的使用和项目的进度进行跟踪管理。资金使用超出范围,市财政主管部门可授权监管银行拒付。监管银行由市财政部门负责确定并定期考核。

市财政部门、审计部门对补贴资金管理和使用情况进行审计和绩效检查评价。

第二十七条　获资助者应当履行下列义务:

（一）编制项目投资预算,负责项目实施;

（二）对获得的补贴资金进行财务管理和会计核算;

（三）自领取款项之日起,开展资金使用自查、自评,并向市外专局提交项目进展（总结）报表和资助经费使用（决算）报表等自查、自评结果和相关资料;

（四）接受有关部门对补贴资金使用情况的监督检查、审计和绩效评估。

第二十八条　获资助者弄虚作假骗取资助的,市人力资源保障部门取消其资助资格,追回补贴资金。违反财政纪律,虚报、冒领、截留、挪用、挤占补贴资金的,按照《财政违法行为处罚处分条例》的有关规定,由市财政、审计、监察机关做出处理。涉嫌犯罪的,依法移交司法机关处理。

第二十九条 参与评审的专家在评审过程中以权谋私或者弄虚作假的,一经发现,取消其专家资格;应当追究责任的,按有关规定执行;涉嫌犯罪的,依法移交司法机关处理。

第三十条 负责补贴资金管理的工作人员违反本办法,滥用职权、玩忽职守、徇私舞弊的,由市财政、监察等部门按照《财政违法行为处罚条例》《深圳市行政机关工作人员行政过错责任追究暂行办法》等有关规定对责任人进行处理。涉嫌犯罪的,依法移交司法机关处理。

第七章 附　　则

第三十一条 本办法涉及的有关资金绩效评估,依照市政府有关资金管理绩效检查考评的规定执行。

第三十二条 补贴资金的管理费用按照有关规定列入部门预算安排解决。

第三十三条 本办法所称"以上"均含本数。

第三十四条 本办法自 2016 年 9 月 1 日起施行,有效期 5 年。原深人社规〔2012〕18 号文同时废止。

资料 4 《关于扩大自主创业扶持补贴对象范围及提高补贴标准的通知》(深人社规〔2016〕18 号)

为贯彻落实《关于促进人才优先发展的若干措施》(深发〔2016〕9 号)有关精神,进一步鼓励本市高校毕业生及在校大学生创新创业,现就有关事项通知如下。

一、扩大对象范围

本市普通高校、职业学校、技工院校全日制在校学生休学创办初创企业的,按照《关于印发〈深圳市自主创业扶持补贴办法〉的通知》(深人社规〔2015〕20 号,以下简称"深人社规〔2015〕20 号文")规定申请各项创业扶持补贴。

二、提高补贴标准

对本市普通高校、职业学校、技工院校全日制在校学生休学创办初创企业,以及深人社规〔2015〕20 号文中规定的本市普通高校、职业学校、技工院校中毕业学年内的在校学生,具有本市户籍毕业 5 年内的普通高校、职业学校、技工院校毕业生和毕业 5 年内的留学回国人员创办初创企业,符合补贴条件的,按照以下规定提高创业场租补贴和优秀项目资助标准:

（一）创业场租补贴标准

在经市直部门及各区政府（新区管委会）认定或备案的创业带动就业孵化基地、科技企业孵化载体、留学生创业园等（以下简称认定载体）内创办初创企业的，按照第一年每月 1 560 元，第二年每月 1 300 元、第三年每月 910 元的标准给予租金补贴；在上述认定载体以及市、区政府部门主办的创业孵化载体外租用经营场地创办初创企业的，按每月最高不超过 650 元（每年最高不超过 7 800 元），给予最长不超过 3 年的租金补贴；实际租金低于补贴标准的，按实际租金补贴。

（二）优秀创业项目资助标准

在市人力资源保障部门组织的全市性创业大赛中获奖的优秀创业项目，在本市完成商事登记的，给予最高 50 万元的资助。

三、有关说明

（一）本通知所称普通高校、职业学校、技工院校、初创企业，与深人社规〔2015〕20 号文的规定一致。

（二）本市普通高校，职业学校、技工院校全日制在校学生休学创办初创企业，按深人社规〔2015〕20 号文相关要求进行自主创业人员身份核实时，需提供所在学校出具的有效休学证明材料。补贴申请、审核、发放及终止等事宜按深人社规〔2015〕20 号文的规定执行

（三）本通知自 2016 年 12 月 1 日起执行，有效期与深人社规〔2015〕20 号文一致。

资料 5 《深圳市创业担保贷款实施办法》（深人社规〔2020〕5 号）
第一章 总 则

第一条 为了做好新形势下创业就业工作，大力支持大众创业、万众创新，根据《深圳市人民政府关于印发深圳市进一步稳定和促进就业若干政策措施的通知》（深府规〔2020〕5 号）、《广东省人力资源和社会保障厅 广东省财政厅 广东省地方金融监督管理局 中国人民银行广州分行关于创业担保贷款担保基金和贴息资金管理办法》（粤人社规〔2019〕15 号）等文件精神，结合本市实际，制定本办法。

第二条 本办法所称创业担保贷款，是指经人力资源保障部门审核具备规定条件的创业者个人或者小微企业为借款人，由担保基金提供担保或采用抵押、质押等其他方式提供增信，由经办银行按规定条件发放，由贴息资金给予贴息，用于支持个人创业或者小微企业扩大就业的贷款业务。

本办法所称担保基金，是指以本办法规定的资金来源出资设立，用于为创业担保贷款提供担保的专项基金。

本办法所称的创业担保贷款贴息资金,包括由财政预算以及由失业保险基金等资金来源安排用于创业担保贷款贴息的资金。

第三条　本办法所称经办银行是指由市人力资源保障部门会同市财政部门、人民银行深圳市中心支行通过公开招标、公开遴选等方式确定,承担本市创业担保贷款业务的本市辖区内银行业金融机构。本办法实施前已经确定的经办银行,可以继续按原合作协议执行至约定期满。

本办法所称融资担保机构(以下简称担保机构)是指由市人力资源保障部门会同市财政部门、市地方金融监管部门以及人民银行深圳市中心支行通过公开招标、公开遴选等方式确定,承担本市创业担保贷款业务的本市辖区内担保机构。

第四条　市财政部门应当积极筹措资金,落实担保基金,在普惠金融专项资金中安排贴息资金和奖补资金,确保创业担保贷款工作正常开展。

第五条　由担保基金提供担保的创业担保贷款免收借款人担保费。

第二章　贷款对象和条件

第六条　提交贷款申请时应当在法定劳动年龄内、有具体经营项目、在本市行政区域内办理法定登记注册手续(包括小微企业、个体工商户、民办非企业单位,下同)的创业者,可申请创业担保贷款。

除本市户籍人员和港澳台居民(以下称重点扶持对象)外,其他人员(以下称非重点扶持对象)所创办的创业主体登记注册时间应当在3年内。

个人借款人应当在其法定登记主体内连续正常缴交6个月以上(提出申请之月前6个月)社会保险费。本市普通高校、职业学校、技工院校在校学生不受社会保险参保要求限制。

在提交贷款申请时,除助学贷款、扶贫贷款、住房贷款、购车贷款、5万元以下小额消费贷款(含信用卡消费)以外,个人借款人及其配偶应没有其他贷款。

第七条　在本市行政区域内登记注册、当年新招用职工人数达到企业现有在职职工人数20%(超过100人的企业达到10%),并为其连续正常缴交6个月以上社会保险费的小微企业,可以申请创业担保贷款。

第八条　重点扶持对象个人创业担保贷款免予提供反担保,非重点扶持对象个人创业担保贷款按经办银行要求提供财产抵押、质押或第三方信用等形式的反担保。小微企业创业担保贷款申请企业按经办银行和担保机构要求提供财产抵押、质押或第三方信用反担保等形式的反担保。

第三章　贷款额度、期限和利率

第九条　符合本办法第六条规定条件的个人创业担保贷款(以下简称个人贷款)额度最高60万元,合伙经营的按符合贷款对象及条件的合伙人每人最高60万元、贷款总额最高300万元实行"捆绑性"贷款(以下简称"捆绑性"贷款)。符合本办法第七条规定条件的小微企业创业担保贷款,额度由担保机构、经办银行根据企业经营状况、还款能力、吸纳就业情况等合理确定,最高不超过500万元(以下简称小微企业贷款)。

第十条 创业担保贷款期限每次最长不超过3年。个人贷款和"捆绑性"贷款在1年期贷款市场报价利率(合同签订之日,下同)的基础上加3个百分点标准(以下简称LPR+300BP)内据实贴息,小微企业贷款按1年期贷款市场报价利率的50%给予贴息,每次贴息期限最长不超过3年。对还款积极、带动就业能力强、创业项目好且符合本办法第六条重点扶持对象或第七条规定的借款人,可以继续提供创业担保贷款贴息,累计次数不得超过3次。不属于重点扶持对象的借款人,只能享受1次贴息。

第十一条 由担保基金提供担保的贷款,利率由经办银行参照贷款市场报价利率并结合借款人信用情况、风险分担方式确定,利率水平不超过1年期LPR+300BP。以其他方式提供增信或为信用贷款的,由经办银行根据借款人的经营状况、信用情况等与借款人协商确定。

贷款利率应当在贷款合同中载明。各经办银行不得以任何形式变相提高创业担保贷款实际利率或额外增加贷款不合理收费。

第十二条 由担保基金提供担保的贷款到期、已按期支付利息、项目经营及信用状况良好且具有还贷能力的,申请人可以向经办银行申请最长不超过1年的展期。展期期间不予贴息,可继续提供担保。

第四章 贷款流程管理

第十三条 借款人向经办银行申请创业担保贷款,应提供完整、准确的申请材料,积极配合经办银行、担保机构等开展尽职调查。借款人在申请贷款时,对申请资料的真实性及同一笔贷款只享受一次贴息等要求应当做出书面承诺,并对不实承诺承担相应法律责任。

第十四条 经办银行负责受理创业担保贷款申请,通过公共就业服务信息系统核对社保信息。经办银行应当核查申请人的信用和还款能力,对创业项目进行风险评估、贷款预审、合同拟签等。经办银行应当自受理贷款申请之日起7个工作日内,根据创业项目审核情况核定贷款额度和期限。

第十五条 小微企业创业担保贷款申请,还应当由担保机构出具担保意见。担保机构应当在经办银行提供符合申请条件企业名单后,10个工作日内出具担保意见,核定贷款额度和期限。不同意担保的,担保机构应当出具不予担保意见。经办银行应当在收到担保意向书后5个工作日内完成审批。

第十六条 经办银行应当通过营业网点或银行网站等渠道在杜绝个人敏感信息泄露的前提下,对贷款拟发放对象进行公示。公示有异议的,由经办银行组织开展调查,经调查异议属实的,取消借款人贷款资格。

公示7天无异议或有异议经调查不属实的,经办银行应当在3个工作日内或调查结束后按规定办理签约、放贷手续。

第五章 担保基金管理

第十七条 担保基金由政府指定的公共就业服务机构或委托的融资担保机构负责运营管理。担保基金要单独列账、单独核算,保证专款专用和封闭运行。

第十八条 市财政部门应当建立健全担保基金的持续补充机制,担保基金不足时要及时予以补充。

从失业保险基金安排用于担保基金前已形成的担保基金可继续用于创业担保贷款担保业务。

第十九条 担保基金承担的创业担保贷款责任余额原则上不得超过担保基金存款余额的5倍。由担保基金提供担保的贷款,担保基金代偿的分担比例不得高于90%。

第二十条 担保基金采取以下几种风险分担方式:

(一)担保基金与经办银行共同分担风险。由担保基金运营管理机构与经办银行签订创业担保贷款合作协议,担保基金与经办银行按9∶1比例分担风险。

担保基金、担保机构、经办银行三方分担风险。

担保机构与经办银行按约定的比例各自分担风险;担保基金运营管理机构应与担保机构签订创业担保贷款合作协议,担保机构担保责任50%由担保基金分担。

(三)经市政府同意的其他方式。

第二十一条 创业担保贷款逾期未还清的,经办银行和担保机构应当向借款人依法追偿。对逾期超过90天仍不能回收的贷款,经办银行应当将借款人纳入不良贷款征信并向担保基金或担保机构提出代偿申请。个人贷款由担保基金按照协议约定的分担比例代为清偿,小微企业贷款由担保机构按协议约定的分担比例代为清偿。代偿范围为贷款未偿还的本金及逾期行为发生之日起90天内产生的利息和罚息。对已逾期并由担保基金代偿的创业担保贷款不予贴息。

担保机构在代偿完成后的30天内,向担保基金运营管理机构申请代偿金。担保基金代偿后,担保机构、经办银行应当采用上门、发放书面催收通知、律师函及起诉等追收形式积极追偿贷款,经追偿后回收的贷款,由担保基金、担保机构和经办银行按风险分担比例分别受偿。

第二十二条　创业担保贷款逾期经催收仍未偿还,根据《金融企业呆账核销管理办法(2017年版)》的相关规定进行代偿损失核销。

第二十三条　代偿损失的核销应当严格遵循实事求是、证据充分、权责清晰的原则,每年10月,由经办银行单独或会同担保机构提供代偿损失认定和申请核销材料,报市人力资源保障部门审核后,报市财政部门审核核销。每年12月前,将核销情况报市人力资源保障部门和市财政部门。

第二十四条　经办银行创业担保贷款代偿率(当年累计代偿金额/当年累计发放贷款金额)达到10%时,应当暂停发放新的创业担保贷款并及时通知担保基金运营管理机构;经采取整改措施并报人民银行深圳市中心支行以及市人力资源保障部门、市财政部门同意后,方可恢复开展创业担保贷款业务。经办银行创业担保贷款代偿率达到20%时,取消该银行的创业担保贷款业务资格。

第二十五条　市人力资源保障部门会同市财政部门,根据资金测算情况,确定首次存放在经办银行的担保基金额度。

担保基金运营管理机构建立绩效评估和动态调整机制,根据经办银行当年新增放贷情况及下一年度发放创业担保贷款计划,合理调整担保基金在经办银行的存放额度。

第二十六条　经办银行和担保机构应当建立事前风险等级评价和风险预警,对借款人申请项目进行贷前调查和科学合理评估,准确了解借款人信用程度。

经办银行和担保机构应当建立贷后跟踪机制、代偿债务追收制度,对借款人获得担保贷款后的资金使用情况进行贷后检查,防止不当使用。对逾期不归还贷款的借款人及反担保人,应当严格按照银行征信相关规定处理,直至诉诸法律程序追偿。担保基金运营管理机构配合做好贷后跟踪管理及追收工作。

第二十七条　市公共就业服务机构按合作协议约定比例,定期向担保机构拨付担保费。担保费列入同级财政预算安排。

第六章　贴息支出管理

第二十八条　贴息实行"先付后贴",借款人根据贷款合同支付利息,到期偿清本息后按规定享受贴息。经办银行根据国家财务会计制度和创业担保贷款相关规定,计算并按月汇总应贴息资金,于每月初向市公共就业服务机构提出上月应支付的贴息申请。

第二十九条　本办法实施后在经办银行采用其他方式提供增信获取各类商业贷款的小微企业,符合本办法第七条规定的,可以于到期偿清本息后6个月内申请贴息。小微企业单纯贴息标准与担保基金提供担保的贴息标准一致。

经办银行应当于收到单纯贴息申请的3个工作日内,审核借款人还本付息情况。经办银行审核后,通过公共就业服务信息系统传送至企业注册地区公共就业服务机构。区公共就业服务机构于收到推送信息后 3 个工作日内对企业吸纳就业、当前是否正常运行等情况进行审核后反馈经办银行。

经办银行根据国家财务会计制度和创业担保贷款相关规定,计算并按月汇总单纯贴息资金,于每月初向市公共就业服务机构提出上月应支付的贴息申请。

第三十条　市公共就业服务机构自收到经办银行提出的贴息申请之日起于 5 个工作日内完成审核,审核通过后将贴息资金通过经办银行发放给申请人。

第三十一条　经办银行或借款人申报贴息,应当对贴息申报材料内容的真实性、完整性负责。

市公共就业服务机构定期通过市人力资源保障部门网站向社会公布各类贴息资金审核发放情况,公布内容包括享受贴息的借款人及借款企业名单、补贴标准及具体金额等。

第三十二条　借款人、担保机构或经办银行虚报材料,骗取贴息资金的,取消担保机构或经办银行合作资格,由人力资源保障部门会同财政部门追回贴息资金,同时按国家有关法律法规进行处理。

第七章　失业保险基金用于担保基金和贴息资金管理

第三十三条　在留足相当于本市上年度失业保险待遇支出总额两倍储备后,按不高于10%左右的比例从滚存基金余额中安排资金用于创业担保贷款担保基金和贴息支出。具体提取比例根据创业担保贷款工作需要和失业保险基金收支情况,合理测算安排,经市政府同意后实施。提取比例高于10%的,须经市政府同意并报省财政、人力资源社会保障行政部门批准。

第三十四条　从失业保险基金安排用于创业担保贷款担保基金和贴息的资金要纳入失业保险基金预算管理。

第三十五条　市财政部门根据经批复的失业保险基金预算,及时审核拨付资金。

失业保险基金用于担保基金支出的,资金从社保基金财政专户划拨至社保经办机构支出户,由社保经办机构支出户拨至担保基金银行专户,资金划出后作为失业保险基金促进就业支出项目列入基金当年度支出。

失业保险基金用于贴息支出的,要据实列支。贴息申请经市公共就业服务机构审核通过后,从社保经办机构支出户拨付资金。市社保经办机构应在收到申请的次月月末前,从社保经办机构支出户将应支付贴息资金支付至指定账户。

第三十六条　由失业保险基金安排的担保基金和贴息资金,要专款专用,要与其他资金来源的担保基金和贴息资金分离管理,分账核算。

第三十七条　由失业保险基金安排担保基金和贴息的贷款,借款人还应当具有失业保险参保记录。

第八章　激励机制

第三十八条　建立创业担保贷款发放激励机制,按当年新发放创业担保贷款总额的 1%,根据风险分担比例奖励创业担保贷款工作成效突出的经办银行、担保机构和运营管理机构,用于其机构工作经费补助。奖补资金纳入市级财政预算安排。

第三十九条　创业担保贷款奖补资金的奖励基数,包括财政预算安排贴息以及由失业保险基金等资金来源安排贴息的创业担保贷款。

第九章　职责分工和监督管理

第四十条　各有关部门要认真履行职责,加强沟通协调,及时解决工作中遇到的问题,大力推进开展创业担保贷款工作。

第四十一条　市人力资源保障、市财政部门以及人民银行深圳市中心支行要联合建立创业担保贷款监督检查机制,每年对创业担保贷款工作开展专项检查,重点检查资金使用管理规范性、资金使用绩效、政策实施效果等情况。

第四十二条　市人力资源保障部门会同市财政部门、市地方金融监管部门以及人民银行深圳市中心支行共同做好本市创业担保贷款政策的制定和实施工作。

市公共就业服务机构负责担保基金、贴息资金、奖补资金和担保费的预算编制;接收贴息资金申请并做好审核和提请拨付工作;统筹指导各区公共就业服务机构对借款人资格进行核查。

第四十三条　市财政部门负责做好担保基金、贴息资金、担保费及奖补资金等经费保障工作,确保资金及时拨付到位;对担保基金预算及担保代偿损失的核销进行审核。

第四十四条　人民银行深圳市中心支行负责健全完善创业担保贷款统计制度,加强监测分析和信息共享,督促指导经办银行规范创业担保贷款发放、建立健全征信数据报送机制、加强创业担保贷款贷后管理。

第四十五条　市地方金融监管部门参与担保基金运营管理机构的遴选,指导依法合规经营的担保机构为符合本办法规定范围的借款人贷款提供担保。

第四十六条　担保基金运营管理机构负责担保基金的运营管理,在经办银行设立担保基金专用账户,实行专账核算;会同经办银行对担保金基金提供担保的借款人开展尽职调查,贷款到期申请人不按期还款的,与经办银行共同做好贷款催收工作。

第四十七条　经办银行负责创业担保贷款的申请、审核、发放、回收、追偿及担保贷款贴息的审核、申报等工作;合理简化贷款手续和缩短贷款审批时限,对已发放的创业担保贷款单独设立台账,并接受市财政、人力资源保障等有关部门的监督检查;对借款人未能按期还款的,要采取多种方式催收追偿,并及时通报市公共就业服务机构。

第四十八条 担保基金运营管理机构和经办银行应当根据职责分工,定期将担保基金收支、资产管理、创业担保贷款发放使用等情况报市人力资源保障部门和市财政部门。

第四十九条 担保机构负责对尽职调查后符合规定的创业担保贷款进行担保,设立相应台账,并接受市财政、人力资源保障等有关部门监督检查;对借款人未能按期还款的,积极采取多种方式催收追偿,并及时代偿应承担部分。

第五十条 经办银行未按要求及时暂停创业担保贷款业务而继续发放的,取消创业担保贷款业务资格。

第五十一条 人力资源保障部门、财政部门以及人民银行深圳市中心支行工作人员在资金办理、审批、分配工作中,若存在以虚报、冒领等方式骗取或滞留、截留、挤占、挪用资金情况的,以及其他滥用职权、玩忽职守、徇私舞弊等违法违纪行为的,按照《预算法》《公务员法》《行政监察法》《财政违法行为处罚处分条例》等法律法规规定追究相应责任;涉嫌犯罪的,移送司法机关处理。

第十章 附 则

第五十二条 小微企业认定标准按照《中小企业划型标准规定》(工信部联企业〔2011〕300号)执行。

第五十三条 本办法自2020年6月5日起施行,有效期5年。《深圳市人力资源和社会保障局 深圳市财政委员会 中国人民银行深圳市中心支行关于做好创业担保贷款工作的通知》(深人社规〔2015〕19号)同时废止。

附表 1　复利终值系数表

n, i	1%	2%	3%	4%	5%	6%	7%	8%	9%	10%	12%	14%	15%	16%	18%	20%	25%	30%
1	1.01	1.02	1.03	1.04	1.05	1.06	1.07	1.08	1.09	1.1	1.12	1.14	1.15	1.16	1.18	1.2	1.25	1.3
2	1.02	1.04	1.061	1.082	1.103	1.124	1.145	1.166	1.188	1.21	1.254	1.3	1.323	1.346	1.392	1.44	1.563	1.69
3	1.03	1.061	1.093	1.125	1.158	1.191	1.225	1.26	1.295	1.331	1.405	1.482	1.521	1.561	1.643	1.728	1.953	2.197
4	1.041	1.082	1.126	1.17	1.216	1.262	1.311	1.36	1.412	1.464	1.574	1.689	1.749	1.811	1.939	2.074	2.441	2.856
5	1.051	1.104	1.159	1.217	1.276	1.338	1.403	1.469	1.539	1.611	1.762	1.925	2.011	2.1	2.288	2.488	3.052	3.713
6	1.062	1.126	1.194	1.265	1.34	1.419	1.501	1.587	1.677	1.772	1.974	2.195	2.313	2.436	2.7	2.986	3.815	4.827
7	1.072	1.149	1.23	1.316	1.407	1.504	1.606	1.714	1.828	1.949	2.211	2.502	2.66	2.826	3.185	3.583	4.768	6.275
8	1.083	1.172	1.267	1.369	1.477	1.594	1.718	1.851	1.993	2.144	2.476	2.853	3.059	3.278	3.759	4.3	5.96	8.157
9	1.094	1.195	1.305	1.423	1.551	1.689	1.838	1.999	2.172	2.358	2.773	3.252	3.518	3.803	4.435	5.16	7.451	10.604
10	1.105	1.219	1.344	1.48	1.629	1.791	1.967	2.159	2.367	2.594	3.106	3.707	4.046	4.411	5.234	6.192	9.313	13.786
11	1.116	1.243	1.384	1.539	1.71	1.898	2.105	2.332	2.58	2.853	3.479	4.226	4.652	5.117	6.176	7.43	11.642	17.922
12	1.127	1.268	1.426	1.601	1.796	2.012	2.252	2.518	2.813	3.138	3.896	4.818	5.35	5.936	7.288	8.916	14.552	23.298
13	1.138	1.294	1.469	1.665	1.886	2.133	2.41	2.72	3.066	3.452	4.363	5.492	6.153	6.886	8.599	10.699	18.19	30.288
14	1.149	1.319	1.513	1.732	1.98	2.261	2.579	2.937	3.342	3.797	4.887	6.261	7.076	7.988	10.147	12.839	22.737	39.374
15	1.161	1.346	1.558	1.801	2.079	2.397	2.759	3.172	3.642	4.177	5.474	7.138	8.137	9.266	11.974	15.407	28.422	51.186
16	1.173	1.373	1.605	1.873	2.183	2.54	2.952	3.426	3.97	4.595	6.13	8.137	9.358	10.748	14.129	18.488	35.527	66.542
17	1.184	1.4	1.653	1.948	2.292	2.693	3.159	3.7	4.328	5.054	6.866	9.276	10.761	12.468	16.672	22.186	44.409	86.504
18	1.196	1.428	1.702	2.026	2.407	2.854	3.38	3.996	4.717	5.56	7.69	10.575	12.375	14.463	19.673	26.623	55.511	112.455
19	1.208	1.457	1.754	2.107	2.527	3.026	3.617	4.316	5.142	6.116	8.613	12.056	14.232	16.777	23.214	31.948	69.389	146.192
20	1.22	1.486	1.806	2.191	2.653	3.207	3.87	4.661	5.604	6.727	9.646	13.743	16.367	19.461	27.393	38.338	86.736	190.05
21	1.232	1.516	1.86	2.279	2.786	3.4	4.141	5.034	6.109	7.4	10.804	15.668	18.822	22.574	32.324	46.005	108.42	247.065
22	1.245	1.546	1.916	2.37	2.925	3.604	4.43	5.437	6.659	8.14	12.1	17.861	21.645	26.186	38.142	55.206	135.525	321.184
23	1.257	1.577	1.974	2.465	3.072	3.82	4.741	5.871	7.258	8.954	13.552	20.362	24.891	30.376	45.008	66.247	169.407	417.539
24	1.27	1.608	2.033	2.563	3.225	4.049	5.072	6.341	7.911	9.85	15.179	23.212	28.625	35.236	53.109	79.497	211.758	542.801
25	1.282	1.641	2.094	2.666	3.386	4.292	5.427	6.848	8.623	10.835	17	26.462	32.919	40.874	62.669	95.396	264.698	705.641
26	1.295	1.673	2.157	2.772	3.556	4.549	5.807	7.396	9.399	11.918	19.04	30.167	37.857	47.414	73.949	114.475	330.872	917.333
27	1.308	1.707	2.221	2.883	3.733	4.822	6.214	7.988	10.245	13.11	21.325	34.39	43.535	55	87.26	137.371	413.59	1 192.533
28	1.321	1.741	2.288	2.999	3.92	5.112	6.649	8.627	11.167	14.421	23.884	39.204	50.066	63.8	102.967	164.845	516.988	1 550.293
29	1.335	1.776	2.357	3.119	4.116	5.418	7.114	9.317	12.172	15.863	26.75	44.693	57.575	74.009	121.501	197.814	646.235	2 015.381
30	1.348	1.811	2.427	3.243	4.322	5.743	7.612	10.063	13.268	17.449	29.96	50.95	66.212	85.85	143.371			

附表 2　复利现值系数表

n、i	1%	2%	3%	4%	5%	6%	8%	10%	12%	14%	15%	16%	18%	20%	25%	30%	35%	40%	50%
1	0.99	0.98	0.97	0.961	0.952	0.943	0.925	0.909	0.892	0.877	0.869	0.862	0.847	0.833	0.8	0.769	0.74	0.714	0.666
2	0.98	0.961	0.942	0.924	0.907	0.889	0.857	0.826	0.797	0.769	0.756	0.743	0.718	0.694	0.64	0.591	0.548	0.51	0.444
3	0.97	0.942	0.915	0.888	0.863	0.839	0.793	0.751	0.711	0.674	0.657	0.64	0.608	0.578	0.512	0.455	0.406	0.364	0.296
4	0.96	0.923	0.888	0.854	0.822	0.792	0.735	0.683	0.635	0.592	0.571	0.552	0.515	0.482	0.409	0.35	0.301	0.26	0.197
5	0.951	0.905	0.862	0.821	0.783	0.747	0.68	0.62	0.567	0.519	0.497	0.476	0.437	0.401	0.327	0.269	0.223	0.185	0.131
6	0.942	0.887	0.837	0.79	0.746	0.704	0.63	0.564	0.506	0.455	0.432	0.41	0.37	0.334	0.262	0.207	0.165	0.132	0.087
7	0.932	0.87	0.813	0.759	0.71	0.665	0.583	0.513	0.452	0.399	0.375	0.353	0.313	0.279	0.209	0.159	0.122	0.094	0.058
8	0.923	0.853	0.789	0.73	0.676	0.627	0.54	0.466	0.403	0.35	0.326	0.305	0.266	0.232	0.167	0.122	0.09	0.067	0.039
9	0.914	0.836	0.766	0.702	0.644	0.591	0.5	0.424	0.36	0.307	0.284	0.262	0.225	0.193	0.134	0.094	0.067	0.048	0.026
10	0.905	0.82	0.744	0.675	0.613	0.558	0.463	0.385	0.321	0.269	0.247	0.226	0.191	0.161	0.107	0.072	0.049	0.034	0.017
11	0.896	0.804	0.722	0.649	0.584	0.526	0.428	0.35	0.287	0.236	0.214	0.195	0.161	0.134	0.085	0.055	0.036	0.024	0.011
12	0.887	0.788	0.701	0.624	0.556	0.496	0.397	0.318	0.256	0.207	0.186	0.168	0.137	0.112	0.068	0.042	0.027	0.017	0.007
13	0.878	0.773	0.68	0.6	0.53	0.468	0.367	0.289	0.229	0.182	0.162	0.145	0.116	0.093	0.054	0.033	0.02	0.012	0.005
14	0.869	0.757	0.661	0.577	0.505	0.442	0.34	0.263	0.204	0.159	0.141	0.125	0.098	0.077	0.043	0.025	0.014	0.008	0.003
15	0.861	0.743	0.641	0.555	0.481	0.417	0.315	0.239	0.182	0.14	0.122	0.107	0.083	0.064	0.035	0.019	0.011	0.006	0.002
16	0.852	0.728	0.623	0.533	0.458	0.393	0.291	0.217	0.163	0.122	0.106	0.093	0.07	0.054	0.028	0.015	0.008	0.004	0.001
17	0.844	0.714	0.605	0.513	0.436	0.371	0.27	0.197	0.145	0.107	0.092	0.08	0.059	0.045	0.022	0.011	0.006	0.003	0.001
18	0.836	0.7	0.587	0.493	0.415	0.35	0.25	0.179	0.13	0.094	0.08	0.069	0.05	0.037	0.018	0.008	0.004	0.002	0
19	0.827	0.686	0.57	0.474	0.395	0.33	0.231	0.163	0.116	0.082	0.07	0.059	0.043	0.031	0.014	0.006	0.003	0.001	0
20	0.819	0.672	0.553	0.456	0.376	0.311	0.214	0.148	0.103	0.072	0.061	0.051	0.036	0.026	0.011	0.005	0.002	0.001	0
21	0.811	0.659	0.537	0.438	0.358	0.294	0.198	0.135	0.092	0.063	0.053	0.044	0.03	0.021	0.009	0.004	0.001	0	0
22	0.803	0.646	0.521	0.421	0.341	0.277	0.183	0.122	0.082	0.055	0.046	0.038	0.026	0.018	0.007	0.003	0.001	0	0
23	0.795	0.634	0.506	0.405	0.325	0.261	0.17	0.111	0.073	0.049	0.04	0.032	0.022	0.015	0.005	0.002	0.001	0	0
24	0.787	0.621	0.491	0.39	0.31	0.246	0.157	0.101	0.065	0.043	0.034	0.028	0.018	0.012	0.004	0.001	0	0	0
25	0.779	0.609	0.477	0.375	0.295	0.232	0.146	0.092	0.058	0.037	0.03	0.024	0.015	0.01	0.003	0.001	0	0	0
26	0.772	0.597	0.463	0.36	0.281	0.219	0.135	0.083	0.052	0.033	0.026	0.021	0.013	0.008	0.003	0.001	0	0	0
27	0.764	0.585	0.45	0.346	0.267	0.207	0.125	0.076	0.046	0.029	0.022	0.018	0.011	0.007	0.002	0	0	0	0
28	0.756	0.574	0.437	0.333	0.255	0.195	0.115	0.069	0.041	0.025	0.019	0.015	0.009	0.006	0.001	0	0	0	0
29	0.749	0.563	0.424	0.32	0.242	0.184	0.107	0.063	0.037	0.022	0.017	0.013	0.008	0.005	0.001	0	0	0	0
30	0.741	0.552	0.411	0.308	0.231	0.174	0.099	0.057	0.033	0.019	0.015	0.011	0.006	0.004	0.001	0	0	0	0

附表3 年金终值系数

n, i	1%	2%	3%	4%	5%	6%	7%	8%	9%	10%	11%	12%	13%	14%	15%	16%	18%	19%	20%	25%	30%
1	1	1	1	1	1	1	1	1	1	1	1	1	1	1	1	1	1	1	1	1	1
2	2.01	2.02	2.03	2.04	2.05	2.06	2.07	2.08	2.09	2.1	2.11	2.12	2.13	2.14	2.15	2.16	2.18	2.19	2.2	2.25	2.3
3	3.03	3.06	3.091	3.122	3.153	3.184	3.215	3.246	3.278	3.31	3.342	3.374	3.407	3.44	3.473	3.506	3.572	3.606	3.64	3.813	3.99
4	4.06	4.122	4.184	4.246	4.31	4.375	4.44	4.506	4.573	4.641	4.71	4.779	4.85	4.921	4.993	5.066	5.215	5.291	5.368	5.766	6.187
5	5.101	5.204	5.309	5.416	5.526	5.637	5.751	5.867	5.985	6.105	6.228	6.353	6.48	6.61	6.742	6.877	7.154	7.297	7.442	8.207	9.043
6	6.152	6.308	6.468	6.633	6.802	6.975	7.153	7.336	7.523	7.716	7.913	8.115	8.323	8.536	8.754	8.977	9.442	9.683	9.93	11.259	12.756
7	7.214	7.434	7.662	7.898	8.142	8.394	8.654	8.923	9.2	9.487	9.783	10.089	10.405	10.73	11.067	11.414	12.142	12.523	12.916	15.073	17.583
8	8.286	8.583	8.892	9.214	9.549	9.879	10.26	10.637	11.028	11.436	11.859	12.3	12.757	13.233	13.727	14.24	15.327	15.902	16.499	19.842	23.858
9	9.369	9.755	10.159	10.583	11.027	11.491	11.978	12.488	13.021	13.579	14.164	14.776	15.416	16.085	16.786	17.519	19.086	19.923	20.799	25.802	32.015
10	10.462	10.95	11.464	12.006	12.578	13.181	13.816	14.487	15.913	15.937	16.722	17.549	18.42	19.337	20.304	21.321	23.521	24.701	25.959	33.253	42.619
11	11.567	12.169	12.808	13.486	14.207	14.972	15.784	16.645	17.56	18.531	19.561	20.655	21.814	23.045	24.349	25.733	28.755	30.404	32.15	42.566	56.405
12	12.683	13.412	14.192	15.026	16.917	16.87	17.888	18.977	20.141	21.384	22.713	24.133	25.65	27.271	29.002	30.85	34.931	37.18	39.581	54.208	74.327
13	13.809	14.68	15.618	16.627	17.713	18.882	20.141	21.495	22.953	24.523	26.212	28.029	29.985	32.089	34.352	36.786	42.219	45.244	48.497	68.76	97.625
14	14.947	15.974	17.086	18.292	19.599	21.015	22.55	24.215	26.019	27.975	30.095	32.393	34.883	37.581	40.505	43.672	50.818	54.841	59.196	86.949	127.91
15	16.097	17.293	18.599	20.024	21.579	23.276	25.129	27.152	29.361	31.772	34.405	37.28	40.417	43.842	47.58	51.66	60.965	66.261	72.035	109.69	167.29
16	17.258	18.639	20.157	21.825	23.657	25.673	27.888	30.324	33.003	35.95	39.19	42.753	46.672	50.98	55.717	60.925	72.939	79.85	87.442	138.11	218.47
17	18.43	20.012	21.762	23.698	25.84	28.213	30.84	33.75	36.974	40.545	44.501	48.884	53.739	59.118	65.075	71.673	87.068	96.022	105.93	173.64	285.01
18	19.615	21.412	23.414	25.645	28.132	30.906	33.999	37.45	41.301	45.599	50.396	55.75	61.725	68.394	75.836	84.141	103.74	115.27	128.12	218.05	371.52
19	20.811	22.841	25.117	27.671	30.539	33.76	37.379	41.446	46.018	51.159	56.939	63.44	70.749	79.969	88.212	98.603	123.41	138.17	154.74	273.56	483.97
20	22.019	24.297	26.87	29.778	33.066	36.786	40.995	45.762	51.16	57.275	64.203	72.052	80.947	91.025	120.44	115.38	146.63	165.42	186.69	342.95	630.17
25	28.243	32.03	36.459	41.646	47.727	54.865	63.249	73.106	84.701	98.347	114.41	133.33	155.62	181.87	212.79	249.21	342.6	402.04	471.98	1054.8	2 348.8
30	34.785	40.588	47.575	56.085	66.439	79.058	94.461	113.28	136.31	164.49	199.02	241.33	293.2	356.79	434.75	530.31	790.95	966.7	1 181.9	3 227.2	8 730
40	48.886	60.402	75.401	95.026	120.8	154.76	199.64	259.06	337.89	442.59	581.83	767.09	1 013.7	1 342	1 779.1	2 360.8	4 163.21	5 519.8	7 343.9	30 089	120 393
50	64.463	84.579	112.8	152.67	209.35	290.34	406.53	573.77	815.08	1 163.9	1 668.8	24 000	3 459.5	4 991.5	7 217.7	10 436	21 813	31 515	45 497	280 256	

附表 4 年金现值系数表

n,i	1%	2%	3%	4%	5%	6%	8%	10%	12%	14%	15%	16%	18%	20%	22%	24%	25%	30%	35%	40%	45%	50%
1	0.99	0.98	0.97	0.961	0.952	0.943	0.925	0.909	0.892	0.877	0.869	0.862	0.847	0.833	0.819	0.806	0.799	0.769	0.74	0.714	0.689	0.666
2	1.97	1.941	1.913	1.886	1.859	1.833	1.783	1.735	1.69	1.646	1.625	1.605	1.565	1.527	1.491	1.456	1.44	1.36	1.289	1.224	1.165	1.111
3	2.94	2.883	2.828	2.775	2.723	2.673	2.577	2.486	2.401	2.321	2.283	2.245	2.174	2.106	2.042	1.981	1.952	1.816	1.695	1.588	1.493	1.407
4	3.901	3.807	3.717	3.629	3.545	3.465	3.312	3.169	3.037	2.913	2.854	2.798	2.69	2.588	2.493	2.404	2.361	2.166	1.996	1.849	1.719	1.604
5	4.853	4.713	4.579	4.451	4.329	4.212	3.992	3.79	3.604	3.433	3.352	3.274	3.127	2.99	2.863	2.745	2.689	2.435	2.219	2.035	1.875	1.736
6	5.795	5.601	5.417	5.242	5.075	4.917	4.622	4.355	4.111	3.888	3.784	3.684	3.497	3.325	3.166	3.02	2.951	2.642	2.385	2.167	1.983	1.824
7	6.728	6.471	6.23	6.002	5.786	5.582	5.206	4.868	4.563	4.288	4.16	4.038	3.811	3.604	3.415	3.242	3.161	2.802	2.507	2.262	2.057	1.882
8	7.651	7.325	7.019	6.732	6.463	6.209	5.746	5.334	4.967	4.638	4.487	4.343	4.077	3.837	3.619	3.421	3.328	2.924	2.598	2.33	2.108	1.921
9	8.566	8.162	7.786	7.435	7.107	6.801	6.246	5.759	5.328	4.946	4.771	4.606	4.303	4.03	3.786	3.565	3.463	3.019	2.665	2.378	2.143	1.947
10	9.471	8.982	8.53	8.11	7.721	7.36	6.71	6.144	5.65	5.216	5.018	4.833	4.494	4.192	3.923	3.681	3.57	3.091	2.715	2.413	2.168	1.965
11	10.367	9.786	9.252	8.76	8.306	7.886	7.138	6.495	5.937	5.452	5.233	5.028	4.656	4.327	4.035	3.775	3.656	3.147	2.751	2.438	2.184	1.976
12	11.255	10.575	9.954	9.385	8.863	8.383	7.536	6.813	6.194	5.66	5.42	5.197	4.793	4.439	4.127	3.851	3.725	3.19	2.779	2.455	2.196	1.984
13	12.133	11.348	10.634	9.985	9.393	8.852	7.903	7.103	6.423	5.842	5.583	5.342	4.909	4.532	4.202	3.912	3.78	3.223	2.799	2.468	2.204	1.989
14	13.003	12.106	11.296	10.563	9.898	9.294	8.244	7.366	6.628	6.002	5.724	5.467	5.008	4.61	4.264	3.961	3.824	3.248	2.814	2.477	2.209	1.993
15	13.865	12.849	11.937	11.118	10.379	9.712	8.559	7.606	6.81	6.142	5.847	5.575	5.091	4.675	4.315	4.001	3.859	3.268	2.825	2.483	2.213	1.995
16	14.717	13.577	12.561	11.652	10.837	10.105	8.851	7.823	6.973	6.265	5.954	5.668	5.162	4.729	4.356	4.033	3.887	3.283	2.833	2.488	2.216	1.996
17	15.562	14.291	13.166	12.165	11.274	10.477	9.121	8.021	7.119	6.372	6.047	5.748	5.222	4.774	4.39	4.059	3.909	3.294	2.839	2.491	2.218	1.997
18	16.398	14.992	13.753	12.659	11.689	10.827	9.371	8.201	7.249	6.467	6.127	5.817	5.273	4.812	4.418	4.079	3.927	3.303	2.844	2.494	2.219	1.998
19	17.226	15.678	14.323	13.133	12.085	11.158	9.603	8.364	7.365	6.55	6.198	5.877	5.316	4.843	4.441	4.096	3.942	3.31	2.847	2.495	2.22	1.999
20	18.045	16.351	14.877	13.59	12.462	11.469	9.818	8.513	7.469	6.623	6.259	5.928	5.352	4.869	4.46	4.11	3.953	3.315	2.85	2.497	2.22	1.999
21	18.856	17.011	15.415	14.029	12.821	11.764	10.016	8.648	7.562	6.686	6.312	5.973	5.383	4.891	4.475	4.121	3.963	3.319	2.851	2.497	2.221	1.999
22	19.66	17.658	15.936	14.451	13.163	12.041	10.2	8.771	7.644	6.742	6.358	6.011	5.409	4.909	4.488	4.129	3.97	3.322	2.853	2.498	2.221	1.999
23	20.455	18.292	16.443	14.856	13.488	12.303	10.371	8.883	7.718	6.792	6.398	6.044	5.432	4.924	4.498	4.137	3.976	3.325	2.854	2.498	2.221	1.999
24	21.243	18.913	16.935	15.246	13.798	12.55	10.528	8.984	7.784	6.835	6.433	6.072	5.45	4.937	4.507	4.142	3.981	3.327	2.855	2.499	2.221	1.999
25	22.023	19.523	17.413	15.622	14.093	12.783	10.674	9.077	7.843	6.872	6.464	6.097	5.466	4.947	4.513	4.147	3.984	3.328	2.855	2.499	2.222	1.999
26	22.795	20.121	17.876	15.982	14.375	13.003	10.809	9.16	7.895	6.906	6.49	6.118	5.48	4.956	4.519	4.151	3.987	3.329	2.856	2.499	2.222	1.999
27	23.559	20.706	18.327	16.329	14.643	13.21	10.935	9.237	7.942	6.935	6.513	6.136	5.491	4.963	4.524	4.154	3.99	3.33	2.856	2.499	2.222	1.999
28	24.316	21.281	18.764	16.663	14.898	13.406	11.051	9.306	7.984	6.96	6.533	6.152	5.501	4.969	4.528	4.156	3.992	3.331	2.856	2.499	2.222	1.999
29	25.065	21.844	19.188	16.983	15.141	13.59	11.158	9.369	8.021	6.983	6.55	6.165	5.509	4.974	4.531	4.158	3.993	3.331	2.856	2.499	2.222	1.999
30	25.807	22.396	19.6	17.292	15.372	13.764	11.257	9.426	8.055	7.002	6.565	6.177	5.516	4.978	4.533	4.16	3.995	3.332	2.856	2.499	2.222	1.999